中华文化风采录

古老历史遗产

古雅的壁画

周丽霞 编著

北方妇女儿童出版社
·长春·

图书在版编目(CIP)数据

古雅的壁画 / 周丽霞编著. —长春 ： 北方妇女儿
童出版社，2017.1
（古老历史遗产）
ISBN 978-7-5585-0669-7

Ⅰ．①古… Ⅱ．①周… Ⅲ．①壁画－介绍－中国－古
代 Ⅳ．①K879.41

中国版本图书馆CIP数据核字(2016)第311464号

古雅的壁画
GU YA DE BI HUA

出 版 人	刘　刚
策　　划	书　韬
责任编辑	吴　桐　于佳佳
开　　本	700mm×1000mm　1/16
印　　张	6
字　　数	48千字
印　　刷	北京荣华世纪印刷有限公司
版　　次	2018年7月第1版
印　　次	2018年7月第2次印刷

出　　版	北方妇女儿童出版社
发　　行	北方妇女儿童出版社
地　　址	长春市人民大街4646号
	邮　编：130021
电　　话	总编办：0431-85644803
	发行科：0431-85640624

定　　价　　19.80元

　　习近平总书记说："提高国家文化软实力，要努力展示中华文化独特魅力。在5000多年文明发展进程中，中华民族创造了博大精深的灿烂文化，要使中华民族最基本的文化基因与当代文化相适应，与现代社会相协调，以人们喜闻乐见、具有广泛参与性的方式推广开来，把跨越时空、超越国度、富有永恒魅力、具有当代价值的文化精神弘扬起来，把继承传统优秀文化又弘扬时代精神、立足本国又面向世界的当代中国文化创新成果传播出去。"

　　为此，党和政府十分重视优秀的先进的文化建设，特别是随着经济的腾飞，提出了中国文化复兴的伟大号召。当然，要实现中华文化伟大复兴，首先要站在传统文化前沿，薪火相传，一脉相承，弘扬和发展五千多年来优秀的、光明的、先进的、科学的、文明的和自豪的文化，融合古今中外一切文化精华，构建具有中国特色的现代民族文化，向世界和未来展示中华民族具有独特魅力的文化风采。

　　中华文化就是居住在中国地域内的中华民族及其祖先所创造的、为中华民族世世代代所继承发展的、具有鲜明民族特色而内涵博大精深的传统优良文化，历史十分悠久，流传非常广泛，在世界上拥有巨大的影响，是世界上唯一绵延不绝而从没中断的古老文化，并始终充满了生机与活力。

　　浩浩历史长河，熊熊文明薪火，中华文化源远流长，滚滚黄河、滔滔长江是最直接的源头，这两大文化浪涛经过千百年冲刷洗礼和不断交流、融合以及沉淀，最终形成了求同存异、兼收并蓄的辉煌灿烂的中华文明。

　　中华文化曾是东方文化的摇篮，也是推动整个世界始终发展的动力。早在500年前，中华文化催生了欧洲文艺复兴运动和地理大发现。在200年前，中华文化推动了欧洲启蒙运动和现代思想。中国四大发明先后传到西方，对于促进西方工业社会发展和形成，曾起到了重要作用。中国文化最具博大性和包容性，所以世界各国都已经掀起中国文化热。

　　中华文化的力量，已经深深熔铸到我们的生命力、创造力和凝聚力中，是我们民族的基因。中华民族的精神，也已深深植根于绵延数千年的优秀文化传统之中，是我们的精神家园。但是，当我们为中华文化而自豪时，也要正视其在近代衰微的历史。相对于五千年的灿烂文化来说，这仅仅是短暂的低潮，是喷薄前的力量积聚。

中国文化博大精深，是中华各族人民5000多年来创造、传承下来的物质文明和精神文明的总和，其内容包罗万象，浩若星汉，具有很强的文化纵深感，蕴含丰富的宝藏。传承和弘扬优秀民族文化传统，保护民族文化遗产，已经受到社会各界重视。这不但对中华民族复兴大业具有深远意义，而且对人类文化多样性保护也是重要贡献。

特别是我国经过伟大的改革开放，已经开始崛起与复兴。但文化是立国之根，大国崛起最终体现在文化的繁荣发达上。特别是当今我国的大国和平崛起之路，必然也是我国文化实现伟大复兴的过程。随着中国文化的软实力增强，能够有力提升我们融入世界的步伐，推动我们为人类进步做出最大贡献。

为此，在有关部门和专家指导下，我们搜集整理了大量古今资料和最新研究成果，特别编撰了本套作品。主要包括传统建筑艺术、千秋圣殿奇观、历来古景风采、古老历史遗产、昔日瑰宝工艺、绝美自然风景、丰富民俗文化、美好生活品质、国粹书画魅力、浩瀚经典宝库等，充分显示了中华民族厚重的文化底蕴和强大的民族凝聚力，具有极强的系统性、广博性和规模性。

本套作品全景展现，纵横捭阖，故事讲述，语言通俗，图文并茂，形象直观，古风古雅，格调温馨，具有很强的可读性、欣赏性和知识性，能够让广大读者全面触摸和感受中国文化的内涵与魅力，增强民族自尊心和文化自豪感，并能很好地继承和弘扬中国文化，创造未来中国特色的先进民族文化，引领中华民族走向伟大复兴，在未来世界的舞台上，在中华复兴的绚丽梦乡，展现出具有龙飞凤舞的独特魅力。

绚丽生辉——殿堂壁画

艺术宝库——石窟壁画

古墓丹青——陵墓壁画

壁画主要是指装饰建筑墙壁表面的画，就是用绘制、雕塑及其他造型手法或工艺手段，在天然或人工墙壁上制作的画，分为室内壁画和室外壁画。比如在秦咸阳城发现的比较完整的秦代壁画，是战国中期秦孝公迁都咸阳、营建咸阳宫室时制作，秦咸阳城壁画推进了对秦代历史以及当时绘画艺术成就的认识。

壁画被不断应用于历代的宫廷、王府建筑中，增加了这些传统遗产的艺术价值。如泰山天贶殿壁画、西藏布达拉宫的壁画和江南天国各王府壁画等。

绚丽生辉

殿堂壁画

弥足珍贵的秦咸阳宫壁画

秦始皇画像

　　秦始皇统一天下后，在政治、经济、文化领域进行了一系列改革，使全国发生了巨大的变化，推动了社会的进步。秦始皇还决定在宫殿、衙署、皇陵等建筑内，普遍绘制壁画，以显示王权，宣扬功业。

　　考古工作者在秦咸阳城遗址中，发现了比较完整的秦代壁画。这是战国中期秦孝公迁都咸阳、营建咸阳宫室时制作，又在秦统一后维修工程中加以复制或新作的。这批壁画可谓秦代壁画的代表，内容涉及秦文化的许多方面，具有很高的艺术水平。

秦代咸阳宫廷壁画主要发现于第3号宫殿建筑遗址之中，在宫殿西侧的一条南北走向的廊道墙面上，是保存相对完好的壁画长廊。在倒塌的建筑堆积层中，有壁画碎片180余块，经细致查找拼对，制成可以做为标本的共有162块。

■ 咸阳宫神兽图

壁画按其画面的主题内容，大体可区分为人物车骑、车马出行、动物、植物、台榭建筑、神灵怪异、图案装饰和其他杂画8类。有些画面内容丰富，既有人物也有车马、道路与树木，分类比较复杂。

西侧回廊的东西两壁是成组的长卷轴式壁画，相对比较完整，画廊按两壁排列对称的立柱计算，共有9间，南北全长32.4米，东西宽5米。

东壁上的壁画保存比较完整，从南向北第一与第二间墙体全毁，壁画无存。第三间仅在墙底保留着少许几何图案边饰。

第四间壁画保存较好，为车马图，画面前后排列3组，各组以四马一车编制，由南向北一组高于一组。在北组与中组之间，两侧各绘有树木立于道路的

咸阳 位于陕西省800里秦川腹地，祖国版图的中心，是我国大地原点所在地，自古就是西部战略重镇。渭水穿南，峻山亘北，山水俱阳，故称咸阳。秦始皇统一全国后，咸阳当时为全国政治、经济、交通和文化的中心。

■ 车马图

《周礼》 我国儒家经典，西周时期的著名政治家、思想家、文学家、军事家周公旦所著。它所涉及的内容极为丰富，凡邦国建制，政法文教，礼乐兵刑，膳食衣饰，农商医卜，工艺制作，各种名物、典章、制度，无所不包。后人堪称为上古文化史之宝库。

两边，其中一组成双对称。路右两树为一组，树冠已无遗存，仅留树干。路左也是两树一组，共两组，尚保存完好，形似塔松，枝绿干褐，树冠蓝绿色。

第五间壁画上端与北侧已被破坏，画面存人物11人，以及左右两根由下向上似作交叉的杆状物体。人物分上下两列，均作南北向呈"一"字形排列。前列有人物图像5人，站立于南北两侧，南4人北1人。后排为6人，分南北2组朝北呈"一"字形排列，每组3人，各组人间距相等。从人物排列队形与衣服来看，第五间壁画内容为依《周礼》所设的仪仗队的队列。

第六与第七两间均绘有车马的图案，前者分南北两组，均向南奔驰；后者一组，四马一车，也向南奔驰。

第八间的壁画已经剥落殆尽。第九间的图案中心似"山"字形，两边均对称发展出一云纹图案，其外又各发展出一枝麦穗的图案，涂以黑色，被称为"麦穗图"。

回廊西壁也隔成对称的九间，墙上原来应该绘有图画，从遗存可知，西壁绘有车马图、台榭建筑图、人物图、麦穗图、植物及几何纹图案等。

秦咸阳宫西侧画廊出土的壁画中共有车马7套，每套四马一车。这与《诗经·小雅·车功》记载的"四马""四牡""四黄"等每辆车的驾四制度相同。7套马的颜色计3种：枣红、黄和黑，每套四匹马的颜色是一样的。

壁画中的车共五辆，基本结构相同。车均单辕，每组车马的第一辆车的辕又均较直，而每组车马的第二辆车的辕或较弯曲或斜直。车厢有大小二窗，小窗在前，大窗在后。车伞，黑褐色，顶部前平缓，后高突，上有一桥形耳。

廊东壁第四间车马图可以清楚地看到，车马、道路和树木安排在同一画面上，车马在道路上奔驰，道路两旁植以树木。历史文献中记载，秦始皇在兼并六国后修治驰道，通往天下，也就是把秦人原国道制度推广到全国。这可能就是秦国道路的真实写照。

仪仗图分布在廊第四间东壁，人的形象个体共11人。整个画面可分上下两列，每列又可分南北两组。11人均身着长袍，前裾覆足，后裾曳地。上列左边1人和右边4人，袍较窄瘦，形如汉俑的喇叭口状。下列6人，可看出袍服者显得身衣更

005

绚丽生辉

殿堂壁画

■ 咸阳宫壁画残块

咸阳宫壁画人物图

为宽大，襟长曳地如狐尾。

在仪仗图中，从站立者的头部可以看出它的轮廓，系禽兽之头状。这种人身兽首来充当仪仗，大概即历史文献所记之武士和虎士的形象。

仪仗图中所表现的人物形象、服饰及其颜色，都与历史文献的记载一致，充分说明了壁画的存史价值。

倡优图画像绘于白色壁面上，人物绘制于一个黑色宽带的三角形右侧。倡优头戴风帽，身穿白色缌衣，长袍曳地，白带束腰垂地。脸向前方，跪地回身，双手平举，击打乐器说唱。

《走马骑射图》位于3号建筑遗址2号宫室门道的堆积层中，画面已残缺，但其轮廓线基本清楚。图像绘于土黄色壁面上，画像置于一个约38厘米的黑色三角宽带纹之中。画面人体的下肢和马腹色彩已脱落，武士身着戎装，头戴黑色护耳盔帽，骑乘一匹棕红色健马。同地发现的还有身躯全损的7幅马头，估计同属此类。

武士侧身，左臂前伸，手中持弓；右臂向后弯曲，做挽弓下射状。肩背带有三角形黑色佩饰，两旁饰黑色卷云纹；盔帽黑色平涂，弓箭与人体皆用褚红色线勾勒。

马做缓行状，头高昂，两耳耸立；马嘴微张，臀部有鞧，作黑色；腹下垂两条柳叶形黑带，疑为鞍鞯上的装饰物；其前端有一黑色方形物件，疑为马镫。

这是一幅反映秦人固有的射猎图画，如果将它与同地同时图中的野猪和猎犬拼凑在一起，则将是一幅完整的骑马射猎活动图像。

《车马出行图》是在3号宫殿建筑遗址西侧回廊的东西两壁的长卷轴式壁画，长达30余米，两层分间绘图，是一幅气势磅礴、震撼人心的艺术巨制。

《车马出行图》画中7套四马一车，在宽阔的道路上奔驰，每套车上的马色完全相同，分枣红、黄与黑3种；十几名着各色长袍、戴武冠的文臣武将分列左右，很可能是一组仪仗队伍；配以宫室建筑、对称树木、麦穗图案及各种几何纹饰，表现的是高规格的秦王出行的阵式，给人以极强的感染力。

在3号遗址宫室1号门道前的倒塌堆积层中，还发现了一幅车马出行的壁画。图像基本保存完整，绘于白色壁面之上；一条黑色宽边一端有卷云纹的菱形方格，作其外框。

画廊第八间东壁和第六间西壁各有一幅"麦穗图"，前者保存较好，后者剥落殆尽。由于画得逼真，从形象上就很容易判断壁画上的作物穗是麦穗。

卷云纹 我国古代青铜器纹饰之一。起于战国，秦时得到进一步发展，汉、魏时期流行的装饰花纹之一。通过粗细、疏密、黑白和虚实等对比手法，组成各种卷云纹。云纹寓意高升和如意。

璧 古代的一种器物名，一般为玉制，也有用琉璃制的。璧的形状通常呈扁圆形，中心有一圆孔，但也有出廓璧，即在圆形轮廓外雕有龙形或其他形状的钮。玉璧是古代贵族所用的礼器，不同时期也有起信物和装饰物作用的。

■ 咸阳宫壁画残块

咸阳宫壁画麦穗图残块

反映出小麦在当时粮食作物中的重要地位。

壁画中除了麦穗这种农作物以外，还发现了少数绘有竹、梅的壁画残块。这些图像对于研究当时咸阳的植物与气候很有帮助。

秦宫壁画是我国所见时代最早的也是唯一的秦代宫殿壁画实物，非常珍贵。它们多为宫廷画师、名家巨匠所绘，艺术水平很高。

从壁画制作的过程来看，当时的壁画制作已经成为一门成熟的艺术；从画法与色彩方面考察，可以看出绘画技术的多样，颜料选择的丰富，给秦宫壁画带来了较高的艺术美感；从构图和形象刻画上看，构图自由灵活，形象生动传神，每一幅都不失为绘画中的精品；秦宫壁画线描的运用特别成功，线条匀称健劲，圆润流畅，不同的形象采用不同形式与颜色的线条来勾勒；壁画用线条绘制出的装饰图案，变幻多端，富有特色。

咸阳秦宫遗址的壁画总体气势颇为煊赫壮观，考古工作者在诸多发现中，还曾挖掘出个别带有宗教色彩的奇禽异兽。这是商周以来精神文化领域蒙昧的产物。

由于历史条件的限制，秦人不可能完全脱离先秦时期的那种宗教神秘感。但不可否认的是，秦宫壁画在题材上完成了一个变革，由宗教神灵走向人间生活，大多内容描绘的是现实生活，体现出写实主义创作精神。与此同时，其技法上也由呆板单调发展为复杂多变，形成了崭新的秦代壁画艺术风格。

高原风格的布达拉宫壁画

西藏的绘画艺术，历史悠久，源远流长。到了7世纪，法王松赞干布统一西藏，西藏绘画艺术进入了繁荣时期。在布达拉宫的建筑艺术成就中，最为突出的就是它的绘画部分，主要表现在壁画、唐卡和其他装饰彩绘方面。

布达拉宫壁画取材多样，内容丰富，技法精细，色泽明艳。就壁画题材而言，有表现历史人物和历史故事的，也有表现宗教神话和佛经故事的，还有表现建筑、民俗、体育、娱乐等富有生活气息的。

如大型壁画"使唐

布达拉宫《龙女图》

■ 五世达赖觐见顺治帝壁画

古雅的壁画

求婚""五难婚使""长安送别""公主进藏"4个部分，生动地记录了唐贞观年间（641年）唐蕃联姻的历史。

又如在红宫的西大殿，还有一组五世达赖朝见清顺治皇帝和十三世达赖进京觐见的历史画面。这些壁画的人物表情生动，栩栩如生，色泽丰富艳丽，布局疏密得当，画面繁而不乱，具有鲜明和强烈的民族特色。

据史载，参加布达拉宫内部壁画绘制的有近200人，先后用去十余年时间。从整体上说，布达拉宫的壁画既汇集了藏族绘画的精华，又汲取了汉族绘画的构图和运笔，是我国民族艺术宝库中的一颗绚丽的明珠。在漫长的岁月中，数以万计的壁画作品使布达拉宫成为一个名副其实的艺术宫殿。

几百年来，藏传佛教绘画的主体画面没有显著变化，其原因是藏传佛教的传播者按照佛教经典，规定了一整套严格的偶像绘画的度量尺度，画师们只能在这个框架之中来发挥和创作。

有鉴于此，布达拉宫的壁画严格按照《绘画度量经》的规定尺寸并灌顶，特别注意了绘画的流派风格和形式特点。

17世纪中期，在对布达拉宫进行扩建时，新修的红宫内的壁画均出自藏传佛教中门唐派和堪孜派画家之手。门唐派和堪孜派是藏传佛教绘画的两大派别，后来两派逐渐融为一体，称为"门堪派"。

门唐派是多扎杰巴的弟子、西藏山南门唐地区著名的艺人门拉·顿珠嘉措创立。门拉·顿珠嘉措撰有专著《造像量度如意珠》。他所创立的门唐画派具有色彩艳丽、对比强烈、刻画细致和富丽堂皇的风格，被誉为西藏的正统画派。

堪孜派由西藏公嘎岗堆巴地区的堪孜钦姆创立。堪孜派受天竺和泥婆罗的影响较大，具有色彩灰暗、构图饱满、人物造型丰满、装饰性强的艺术风格。

随着时间的推移，在门堪派的庞大系统之中，又出现了各种不同的绘画风格，不仅保持和继承了藏族的传统技艺，而且吸收了印度、尼泊尔和我国汉族的艺术风格，具有独特的艺术韵味。

布达拉宫壁画堪称藏传佛教绘画中经典之作，表现手法极为丰富。如白宫西日光殿喜足绝顶宫内的屏式人物画像，笔精而有神韵，常与真人等身。在红宫西有寂圆满大殿的壁画中，有采用俯视构图的

■ 布达拉宫《金城公主入藏图》

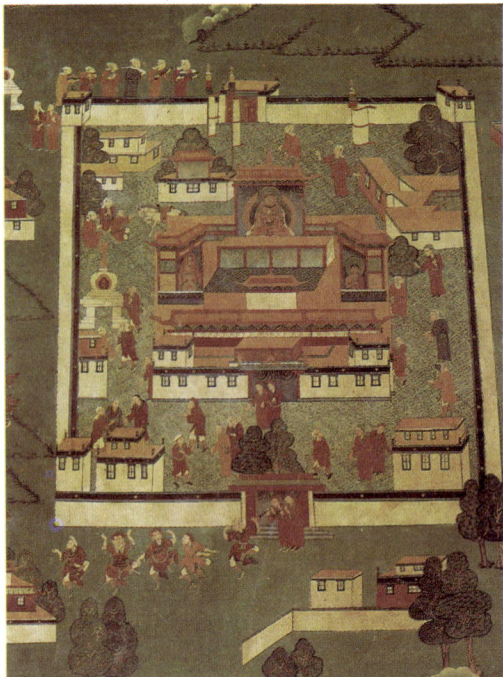

■ 布达拉宫《大昭寺落成图》

古雅的壁画

达赖喇嘛 西藏佛教格鲁派中与班禅并列的两大宗教领袖之一。达赖是蒙古语"海"的意思，喇嘛是藏语"上人"的意思。这个称号最初是明代蒙古可汗赠给三世达赖索南嘉措的尊号。1653年，清世祖福临正式册封达赖五世罗桑嘉措为"达赖喇嘛"，承认达赖在西藏的政治和宗教地位。

大幅画面，场面宏大，人物众多，构图饱满，颇为壮观。

在白宫西日光殿福足欲聚宫所绘的五世达赖业迹图内采用了散点透视，整个画面用"之"字形布局，以山石、树木、行云、流水相间，使全图既独立成章又整体连贯。在西日光殿的福地妙旋宫的宝座后壁绘有苏坚尼布国王的故事图，其中就有采用平远透视构图绘成的小幅人物图。

在红宫上师殿和七世达赖灵塔殿内，还有采用正视排列而绘成的千尊佛像，庄严肃穆，富有神秘变幻之感。布达拉宫的壁画由于主要采用了当地的矿物质颜料，加之拉萨的充足阳光和干湿适中的环境，保存状况良好，可以在上百年的时间内色泽如新。

布达拉宫壁画不仅题材丰富，而且画面生动，色彩艳丽。其内容除反映了藏传佛教中的各位上师、各种教派的本尊、不同变相的佛和千姿百态的菩萨，同时还反映了藏族社会的历史和生活习俗等。《游牧图》就是当时生活的体现。

自古以来，牧业是藏族的主要生产门类，而牦牛则是放牧的主要牲畜。《游牧图》壁画真实地描绘了牧民的生产生活状况：翠绿的山坡草场、欢跃的牦牛、激流而下的溪水、一顶顶黑色牦牛绒帐篷，以及挤奶牧女、牧羊犬等等，无一不是牧区的真实景象。

再如《跳神图》。跳神是寺院在举行重大宗教仪式时所表演的一种宗教神舞。表演者均为僧人，装扮多种角色，头戴面具，身穿法衣。表演时用鼓、钹、号伴奏。

《修砌图》是一幅绘制在布达拉宫西大殿二层上的壁画，描绘了修建布达拉宫红宫的情景。图中的藏式建筑大多系土石木建筑，为一柱顶两梁、四壁托椽子式的纵向受力结构。因此藏式建筑计算房屋大小时，以柱子的多少作为计算单位。一般民居为一柱两梁式或二柱三梁式。大的客厅为四柱六梁式，最小的房屋为一椽跨度，无柱。

从壁画中可见，藏式寺院高层建筑经幢上插有三叉式饰物，起避雷针作用。藏式建筑中除大屋顶外，大多为平顶，四周设有女儿墙。房屋的窗户和房门的两侧都砌成黑框，以增加装饰效果，使其富有轮廓感。此外，黑框还可吸热，提高屋内温度。每年入冬前，屋外墙面都进行一次粉刷，给人一种亮丽而新鲜的感觉。

西藏特有土石木结构建筑形式早在吐蕃时就普遍采用。壁画《伐木图》描写了1645年至1648年间修建布达拉宫白宫时木料加工的情景。反映了当时西藏的木工工具主要有锯、刨、锛、凿、钻、墨线和角尺等。

再如《河运图》，表现牛皮船这种吐蕃时期来西藏地区水上主要交通工具。这种船用坚韧木料做支骨，外蒙由数张牛皮缝合"船壳"，小可以乘三五

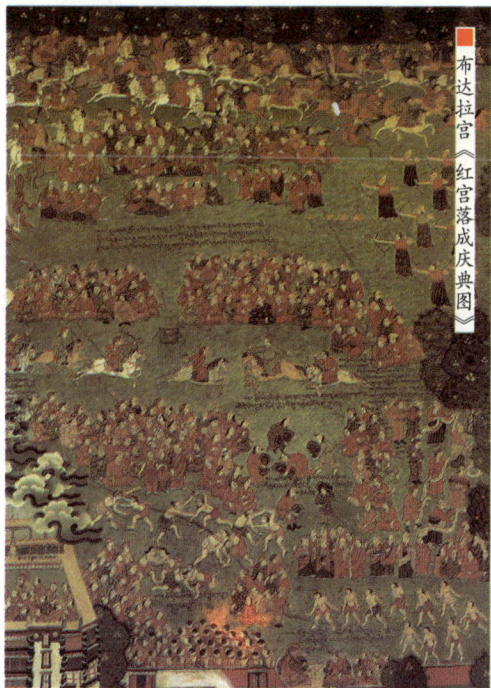

布达拉宫《红宫落成庆典图》

人，大能乘十多人并可载货，由一个船夫划船兼掌舵。牛皮船下水浸泡后比较湿软，不怕河中礁石撞击，不管河道深浅，都可以划行。

壁画《较力》描绘进行举石较力场面。这项竞技起源于藏族先民生产劳动，举抱重物、搬运物件是日常生活基本活动之一，气力大的人受到人们的赞扬。因而，通过举抱重物来显示气力，自然成为一种娱乐性竞技活动。早在吐蕃时期，举石较力就已盛行。在清代，每年藏历正月，在大昭寺法会场上都要举行规模最大的较力竞技比赛。

还有妙趣横生的《博戏图》，描绘人们在树荫草地上打牌、掷骰子，并有乐队伴奏供应茶水的情景。掷骰子是藏族竞技性娱乐活动之一，与苯教骰子占卜术有渊源关系，至少有2000多年历史。掷骰子起源于吐蕃时期。道具由1对骰子、3副筹码、60枚小贝壳、1个骰子碗和1块掷垫等组成。2至4人以骰子点数多少和归并筹码快慢来决定胜负。

还有反映藏族民俗的《骑射图》。早在吐蕃时期，射箭已成为民间和官方的竞技比赛项目，它是男子应具备的9项技能之一。这9项技能是指文才、口才、算数、射箭、抛石、跳跃、跑步、游泳和摔跤。前3项为文类技能，后6项为武类技能。骑射比赛是要求骑手在规定的奔跑距离内，对箭靶任发数箭，以中环数的多少决定胜负和名次。

古雅的壁画

阅读链接

布达拉宫的建筑恢宏博大，气度非凡，布达拉宫的壁画、彩画、雕塑独树一帜，显示了古代藏族人民建筑艺术的优秀传统和高度的艺术成就。

布达拉宫的主要殿堂都是雕梁画栋，金碧辉煌。图案内容有云纹、卷草、缠枝卷叶、宝相花、西番莲、石榴花、法轮宝珠、梵文六字真言、八宝图及佛像、狮、象等各种花纹。彩画的颜色以朱红、深红、金黄、橘黄等暖色为底色，衬以青、绿为主的冷色。色彩艳丽，对比强烈。

极富特色的江南王府壁画

　　据文献资料记载，太平天国时期，有专门的艺术机构绣锦衙，里面不仅有民间的画工，更有大批的文人画士。画工画士在这里互相学习交流，从而使宋、元以来分道扬镳的壁画与卷轴画，到此呈现出了复合的趋势，创造出了辉煌的壁画艺术成就。

　　位于浙江金华东鼓楼里的太平天国侍王府，建于1861年，是全国范围内保存最完整、绘画最多的太平天国王府。大殿内发现有壁画5

侍王府内的石雕

古雅的壁画

■《四季捕鱼图》
局部之一

枋 横架在柱头上连贯两柱的横木，称为枋。是我国的传统建筑，枋以其位置之不同分为四种：在檐柱上的称为额枋；在金柱上的称为老檐枋；在五架梁上的称为上金枋；在脊瓜柱上的称为脊枋。

幅，西院住宅内发现有壁画63幅。王府内共有壁画119幅，彩画407方。

西院为四进九开间，尤以第二进装饰最讲究，壁、柱、梁、枋均绘壁画或彩画。壁画内容有云龙、丹凤、松鹤、猫蝶、柏鹿、蜂猴、望楼兵营、楼台亭阁、山水花卉等，以及四季捕鱼图、深山采樵图等，画面均有人物。

侍王府壁画结构较为简单，在空心花砖墙体上直接涂抹0.4毫米到5毫米的纯白灰层，普遍厚度在1毫米至2毫米左右，而后在白灰层上直接起稿绘制，所用颜料以黑、白、红、绿色为主，骨胶调制后绘制，属于南方典型的淡彩水墨画，颜料层极薄。

位于侍王府正厅左右两堵墙上的《四季捕鱼图》是这些壁画中的代表作。此画共分春、夏、秋、冬4幅，生动细致地描绘了浙江水乡渔民在不同季节使用不同的捕鱼工具的劳动景象。

　　《四季捕鱼图》的艺术特点鲜明。它是以黑、白、红、绿色为主的淡彩水墨设色。从大的结构上讲，壁画基本上都是由支撑体、地仗层、绘画层和颜料层组成。壁画的制作工艺与材料是壁画保存状况的决定性因素。

　　壁画作为我国古代建筑的一种装饰，随着秦汉时期"丝绸之路"的开通而逐渐兴盛，很多稀有的颜料自西域传入中原。壁画使用颜色种类越来越丰富多样，除石色外，草色颜料及金属色应用也比较普遍起来。宋代以后更是出现了沥粉贴金，衬托得壁画画面富丽堂皇。

　　《四季捕鱼图》主要以水墨为主，以墨线勾出轮廓，再以淡墨皴擦，然后用赭石、石绿、石青矿物颜料略加点染，属典型的南方浅绛山水，其文人画风格

■ 《四季捕鱼图》局部之二

■ 侍王府壁画《山中樵夫图》

斧劈皴 山水画技法名。唐代李思训所创，笔线遒劲，运笔多顿挫曲折，有如刀砍斧劈，故称为斧劈皴，这种皴法宜于表现质地坚硬、棱角分明的岩石。以斧劈皴用于水墨山水，加重了披染，出现水墨苍劲的风格。笔线细劲称小斧劈，笔线粗阔称大斧劈。

与北方的金碧辉煌相去甚远。

江南气候湿润，特别是长江中下游地区特有的梅雨季节，使得壁画在江南地区不好制作且保存相对困难。由于当时交通条件的限制，稀有颜料不太容易流传至江南，即使有，也因价格高昂而不被广泛使用。

同时，《四季捕鱼图》是具有浙派画风的文人浅绛山水画。它采用了传统山水画的艺术表现手法，构图严谨，色彩鲜艳，人物生动传神。

太平天国艺术不采取卷轴画的形式，而采取了当时卷轴画里面最盛行的山水花鸟画来绘壁，从我国绘画发展史来说，无论在历史意义或艺术意义上，都是具有研究的重要性。

文人画士的作品，在艺术表现上提倡"以书法入画，讲究笔墨技巧"，注意诗书画的有机结合。《四季捕鱼图》是侍王府内较典型的文人画，不仅选用了文人画常用的高山、流水、渔隐题材，且构图严谨，结构、比例协调，绝非一般民间画工所能及。石头的点染有轻重缓急，线条的运用有粗细变化，甚至出现小斧劈皴的画法，画面按高远、平远、深远的传统山水构图来布局，合应了中国传统文人画的开合、起结、腾潜的美学理念。

据考，《四季捕鱼图》的作者是被时人称为"长毛画师"的方绍铣。当时的文人雅士争相学习浙派，方绍铣在技法上对浙派有所传承。他的《四季捕鱼图》采用了现实主义的创作方法，这在当时壁画走向衰落时期是个特例。

清康熙、乾隆年间，以郎世宁为代表的传教士在皇帝的授意下，第一次以官方的形式将西洋绘画与中国画进行了中西合璧的尝试。

在此背景下，以任伯年为首的一批我国近代美术先驱，脱离了几百年来我国绘画"千人一面"的形式主义流弊，开始在绘画中采用现实主义的创作方法。这时的太平天国壁画创作也体现出了现实主义创作倾向。

《四季捕鱼图》的4幅壁画均取材于捕鱼场景，细致描绘了当时金华民众的日常生活及岁时节令、婚

任伯年（1840年~1896年），名颐，浙江山阴人。清末著名画家，"海派四杰"之一。所画题材极为广泛，人物、花鸟、山水、走兽无不精妙。他的画用笔用墨，丰富多变，构图新巧，创造了一种清新流畅的独特风格，在"正统派"外独树一帜。

■ 侍王府内的石雕

孔雀 鸡形目雉科孔雀属鸟类。在我国被视为百鸟之王，是最美丽的观赏品，是吉祥、善良、美丽、华贵的象征。在东方的传说中，孔雀是由百鸟之长凤凰得到交合之气后育生的，与大鹏为同母所生，被如来佛祖封为大明王菩萨。

寿礼仪、渔樵耕作等习俗。

以《夏季捕鱼图》为例，画面峰峦叠翠，平静的湖面泊着几只渔舟，渔夫、鸬鹚，捕捞场景真实生动。小木桥上有一正担着两筐鲜鱼行走的渔夫，在岸上的渔夫，有举手卷袖的，有剖鱼刮鳞的，劈柴的，拿着酒肉呼朋唤友的，不远处泊在松树下渔船上的渔夫们或吹或鼓或唱。人物造型栩栩如生，形象地描绘出江南劳动者的生活场景，是一幅具有现实主义创作题材和创作方法的优秀壁画作品。

位于江苏省南京市汉中门附近的堂子街88号，是一座古宅，这里曾是太平天国东王杨秀清下面署官的一个衙署。在第三进的墙壁与屏风门上和第五进的木板壁与门楣上，保留下来18幅墨迹清晰、色彩艳丽的壁画。

■ 堂子街壁画《江天亭立》

堂子街的壁画经过100余年的雨淋风化，不少已褪色、剥落，但其中有几幅水墨重彩画，却较好地保存了下来。

如山水方面，描写燕子矶三面悬绝的《江天亭立》，反映栖霞山层峦叠嶂的《云带环山》，无不笔触粗犷，意境新奇。花鸟走兽方面有《荷花鸳鸯》、《柳阴骏马》、《金狮戏球》、《双鹿灵芝》、《孔雀牡丹》。直接反映军事斗争题材的首推《防江望楼》，生动地反映了天京军民时刻以战斗姿态保卫着首都安全的真实情景，具有较高的历史和艺术价值。

此外，苏州太平天国忠王府后殿板壁上方也有壁画9幅，内容有山水、花鸟、走兽，不画人物。梁枋上有彩绘装饰。

忠王府壁画画风与南京堂子街壁画相似。图中人物意态生动，景致优美，笔法流畅而苍劲，有南宋人遗规。其章法结构又颇受北宋和金代画法的影响，并且具有文人画的某些特色。

堂子街壁画《云带环山》

忠王府壁画人物衣纹勾描娴熟，花卉竹石线条洗练，尤其梅花、竹石作为单幅画面的出现，在前代壁画中极为罕见。

总之，江南王府壁画代表了整个太平天国时期的壁画艺术，反映了当时的画家高超的绘画技巧，是我国壁画史上的杰出作品。

阅读链接

太平天国早在广西永安就有绘制壁画的传统。建都天京，壁画更为讲究，政权内部还专设绘画机构"绣锦衙"。侍王府壁画绘制过程中，少不了一些名画家的参与，方绍铣就是其中之一。

方绍铣当时年仅20岁，他兄弟四人都参加了太平军，方绍铣就在侍王部绘军旗和壁画，也曾随军到苏州、杭州、绍兴等地绘过壁画。1921年，已经80余岁的方绍铣为缅怀太平天国英雄们，怀念自己青春时代，饱含深情地画了一幅《英雄图》。

雕梁彩栋的泰山天贶殿壁画

　　雄伟的泰山，位于我国山东泰安中部。主峰玉皇顶海拔1545米，气势雄伟磅礴，享有"五岳之首""天下第一山"的称号。自古以来，我国人民就崇拜泰山，古代的文人雅士对泰山更是仰慕备至，纷纷前

来游历，作诗记文。

1008年10月，宋真宗自汴京出发，千乘万骑，东封泰山。改乾封县为奉符县；封泰山神为"天齐仁圣帝"；封泰山女神为"天仙玉女碧霞元君"；在泰山顶唐摩崖东侧刻《谢天书述二圣功德铭》。

宋真宗封禅泰山之后，在泰山上修建了山东最伟大的行宫建筑，大殿名天贶殿，殿内及四周回廊均让当时画师绘有壁画。

天贶殿屡经历代废兴，回廊早已无有，大殿也经过了多次改建，但现在的规模仍然非常庄严伟大，并保存有精美的壁画，为山东寺庙中仅存的巨幅壁画杰作。

在天贶殿神龛两旁的东西山墙上，有两幅巨大壁画，高在1丈以上，长在10丈以上，内容系东岳大帝巡行故事。东部描写大帝从宫中出巡，名曰《启跸

碧霞元君 即天仙玉女泰山碧霞元君，相传出生于山东省庆云县的丁家林。俗称泰山娘娘、泰山老奶奶、泰山老母等。道教认为，碧霞元君"庇佑众生，灵应九州"，"统摄岳府神兵，照察人间善恶"。是道教中的重要女神，我国历史上影响最大的女神之一。

绚丽生辉
殿堂壁画

■ 山东岱庙全景

■《启跸图》

古雅的壁画

东岳大帝　又称泰山神。根据我国古老的阴阳五行学说，泰山位居东方，是太阳升起的地方，也是万物发祥之地，因此泰山神具有主生、主死的重要职能。泰山神作为泰山的化身，是上天与人间沟通的神圣使者，是历代帝王受命于天，治理天下的保护神。

图》；西部描写大帝回宫，名曰《回銮图》。两幅画合称为《泰山神启跸回銮图》。

两幅画在高度的三分之二以下，为大帝及随从人物；在高度的三分之二以上为山石树木建筑物等补景。其场面之宏大与内容之繁复，在古代壁画中尚属少见。

东部《启跸图》自神龛之东向东展延，转南山墙，所画次序如下：殿中侍者8人，墀下卫士上下16人，树石童子2人，桥上送行学士18人，侍者2人，东岳大帝坐四轮6马大辇，执辕马者2人，辇后护卫文武人员109人，文官执笏，1有髯人坐8人亮轿，1红袍青年坐8人亮轿，左右并进，各有执伞者8人，狮子2头，背驮宝瓶，索狮者各1人，白象1匹，1人骑捧宝瓶，瓶口有五彩光气上升，牵象者1人，左右卫士4人，骆驼2匹，牵者2人，麒麟2匹，骑者2人。

在仪仗队中，有步行两行32人，树前骑士10人，北壁至此止，骑士4人，仪仗队步行32人。上行中2

人，骑士4人，大树1株。树前骑马军乐队24人。麒麟2匹，骑者2人，供桌1张，上设金如意，左右侍者8人。夜叉2人，迎驾之官22人，夜叉伏虎2人，1红面官，夜叉侍者1人。东墙至此，自大树至此约4丈，全图共299人。

西部《回銮图》自西山墙南端向北转至北墙神龛旁。画中计送驾文武官22人，侍者2人，长髯2人，夜叉侍者2人，文武护卫6人，夜叉2人，抬虎夜叉2人，夜叉侍者2人，远景廊下5人，密集骑士不易数清，约100人。

东岳大帝坐辇执圭，御者4人，骑士4人，执伞1人，坐8人轿者2人，狮子2匹，侍者2人，骑士4人，武骑士4人，白象1匹，执宝瓶骑者1人，牵者1人，大树1株，骆驼2匹，各负画轴，牵者2人，麒麟2匹，骑者2人。

桥上有仪仗队28人，马2匹，牵者2人，武士骑

绚丽生辉

殿堂壁画

■ 《回銮图》

古雅的壁画

■ 泰安岱庙天贶殿

麒麟 我国传统祥兽。神话传说是龙牛杂交品，是我国古籍中记载的一种神物，与凤、龟、龙共称为"四灵"，是神的坐骑，古人把麒麟当作仁宠，雄性称麒，雌性称麟。在我国传统民俗礼仪中，被制成各种饰物和摆件用于佩戴和安置家中，有祈福和安佑的用意。

兵20人，执大旗者2人，军乐队8人，旗队5人，麒麟2匹，骑者2人，扛旗夜叉2人，迎驾文官8人，侍者2人，乐队16人，仪仗队16人，宫中如宦者12人。回銮图共331人。

《启跸图》和《回銮图》共画有630人，其他的有马匹、骆驼、狮子、麒麟、白象各若干，并补以山石树木、桥梁、宫殿及一般建筑物。如此巨大壁画毫无隙地，而布置井然，疏密相间，繁而不乱，多而不杂，在构图上说，也不失为伟大精密的作品。

壁画的上下两部分各有不同。上部多为建筑物，样式颇似苏州一带的弄堂房子，绝非北方所有，画法均用西洋画的透视画法，每幢房子有焦点，近大远小，倾斜度数颇大，显然是清初西画输入以后的作品。

下部人物在主题方面为传统旧法，宫殿桥梁全用我国传统的均角透视，人物前后远近亦无大小之分。

人物面部除一小部分侧面外，多用正面七分面，面部尚有变化，大部分有表情，衣纹铁线描，色彩平涂无润染，用笔谨严，但不够挺拔。至于山石树木，则用笔草率，与顶上建筑物作风不一致。

事实上，泰山壁画的创作历史，可追溯到唐宋时期。唐代壁画渐盛，五岳各庙多有大型壁画出现。及至宋代，各地寺庙竞绘壁画，蔚成风气。

宋代诗人苏辙的诗作《岳下》，是关于泰山壁画的最早记录。诗中写道：

> 登封尚坛壝，古观写旗队；
> 戈矛认毫末，舒卷分向背。

另据《宋朝名画评》载：时中岳天封观东西壁有《圣帝出队入队图》，分别出自著名画师武宗元、王兼济的手笔。与之题材及艺术风

《启跸图》局部

格相同的《启跸图》和《回銮图》，其创构时代亦应上溯到宋代，是宋代的巨幅壁画，天贶殿壁画出现后，千余年来曾随庙宇历尽劫波：金大定之火，贞祐之兵，元至元之乱，明宣德、嘉靖之灾，清康熙之震，庙殿屡建屡毁。故唐宋原图业已湮灭无存，后世所传之图，则为1678年重修岱庙后所制。

据清康熙《重修岱庙履历记》碑："大殿内墙、两廊内墙俱使画工画像。"又据泰安大汶口《刘氏族谱》载："刘志学，善丹青，泰邑峻极殿壁画，即其所绘。"据此可知，后世壁画出自泰安民间画工刘志学等人之手。此后清乾隆、同治间又经重描。

对于天贶殿壁画的艺术成就，清乾隆朝有人赞曰："松柏那论旧，丹青尚著新。"清嘉庆朝诗人张鉴也曾题咏壁画："石坛古柏来风雨，画壁群神奉敦盘。"

天贶殿壁画历经千载，经营数代，最终形成了这幅规模宏大、气势恢宏的艺术长卷，引起世人的惊叹，也在我国壁画史上占有重要的地位。

阅读链接

民间传说，宋真宗封禅以后，下诏修建天贶殿。建好以后，需要画一幅壁画，便招募天下画家来为泰山神作像，但都不合圣意。后来有一个聪明的画家，仿照宋真宗封禅泰山的情景创作了一幅壁画，这就是天贶殿内的《泰山神启跸回銮图》。宋真宗非常高兴，重赏了画家。

《泰山神启跸回銮图》由《启跸图》和《回銮图》两部分组成，描绘的是中国古代传说中泰山主神东岳大帝巡游天下的情景，气势恢宏、场面壮观，充分展现了泰山神的威严之姿。

石窟原是一种佛教建筑形式，佛教提倡遁世隐修，因此僧侣们选择幽僻之地开凿石窟，以便修行之用。

我国石窟从汉代佛教传入时开凿，而北魏至隋唐，是凿窟的鼎盛时期。这个时期，黄河流域是政治、文化、经济的中心，敦煌莫高窟、麦积山石窟、云冈石窟等都在这一时期出现。

石窟壁画艺术取材于佛教故事，融汇了我国绘画的传统技法和审美情趣，反映了佛教的思想及其汉化过程。是研究我国社会史、佛教史、艺术史及中外文化交流史的珍贵资料。

艺术宝库

石窟壁画

文化内涵丰富的敦煌壁画

　　盛大辉煌的敦煌莫高窟，有着悠久的历史和灿烂的文化，它从春秋战国时期开始繁衍壮大，至隋唐达到极盛。敦煌艺术在不同的历史时期也展现出不同的艺术风格，不仅石窟雕塑为我国佛教瑰宝，更以

敦煌壁画反弹琵琶

其壁画栩栩如生而引人入胜。

　　敦煌莫高窟的四壁，都是与佛教有关的壁画和彩塑，肃穆的佛像，飘舞的飞天，神秘庄严的气氛，令人屏声敛息。最引人注目的，要数其中数量庞大、技艺精湛的壁画艺术。

　　敦煌壁画中的供养菩萨与敦煌壁画同始同终，在北凉的洞窟内这一形象随处可见。其静时的姿态主要有坐、跪、胡跪3种。

　　北凉壁画手中经常持有花或供器，也有双手合十的。还有的供养菩萨画成舞蹈或奏乐的状态，总之造型各异，姿态万千。

　　第272窟供养菩萨的姿态有持花、徒手或坐或跪于莲台之上，并都做舞蹈状，以表示听佛说法时产生的欢欣鼓舞的热烈场面。其特点是40个小菩萨的舞姿竟无一雷同，从而保留下来了古代的40个舞蹈动作。

胡跪 原为西域少数民族半蹲半跪的一种姿态，后来演变为一种佛教礼节，古代僧人跪坐致敬的礼节，右膝着地，竖左膝危坐，倦则两膝姿势互换，又称互跪。

古雅的壁画

■ 敦煌壁画

箜篌 十分古老的弹弦乐器，最初称"坎侯"或"空侯"，在古代除宫廷雅乐使用外，在民间也广泛流传，在古代有卧箜篌、竖箜篌、凤首箜篌三种形制。历史悠久，源远流长，音域宽广，音色柔美清澈，表现力强。

由于日久年深，人物身上的晕染、线条都发生了变色反应，使其更显得粗犷豪放。这些婀娜多姿的供养菩萨引起了普遍的猜测。

第275窟南壁中部的佛传故事，主要表现的是释迦牟尼成佛的因缘。整个画面采用汉晋传统形式的横卷连环画形式，人物和景物不分远近，平列构图。人物形象服饰则明显受西域画风的影响，显得较为古朴粗犷。

壁画中太子遇老人与出家人两情节保存较好，均是太子骑马从城门中出，前有伎乐弹箜篌、琵琶引导，下有侍从百姓礼拜，上有飞天散花相迎。

图中右侧情节为遇老人，老人发、眉、须皆白，面容憔悴，弯腰弓背，老态龙钟，仅着短裤，似正在向太子行礼。

左侧为遇僧人之情节，僧人着右袒袈裟，面容饱满，姿态自然潇洒，左手握袈裟，其健康超脱与老人形成鲜明对比。

北壁绘佛本生故事，是释迦牟尼成佛前，前生累世行善的故事。此窟的这类故事很有代表性，主人公都是佛祖释迦牟尼的前世，体现了他过去为求法而不惜施舍眼睛、头颅、身体甚至生命的自我牺牲精神。此图仍采用横卷式连环画形式，自西向东排列。

《毗楞竭梨王身钉千钉》，故事讲毗楞竭梨王喜好妙法。图中劳度差一手执钉、一手挥锤，正向毗楞竭梨王身上钉钉。国王神态安详，似乎正沉浸在听闻法语的喜悦当中，完全忘记身钉千钉的痛苦。

《尸毗王本生故事图》，画面上尸毗王垂一条腿坐着，有人用刀在他腿上割肉，另有人手持天平，在天平的一端伏了一只安静的鸽子。

尸毗王本生是北魏佛教壁画和一部分浮雕中流行的许多故事之一，这些故事都是说佛的前生如何为救助旁人而牺牲自己的故事，借以宣传佛教教义。

《月光王施头》讲的是月光王仁明慈悲、救济贫困、爱民如子的故事。此图也是由两个画面组成，左侧月光王端坐于束帛座上，用左手指自己的头，面前有一侍者跪捧托盘，盘上有3个人头，表示月光王在前世已经布施过很多次头颅了。右侧月光王以发系于树上，身后一刽子手举斧欲砍，表示任劳度差砍头的情节。

《快目王施眼》，故事讲

快目王施眼本生画

《尸毗王本生故事图》

古雅的壁画

的是富迦罗拔城，有一名叫快目王的国王，眼睛明亮，心地慈善，喜好施舍，得到了众人的赞扬。人物造型体态健壮，用晕染法来表现立体感，人物形象均以土红线起稿，敷色后以深墨铁线定型，线描细劲有力。

敦煌莫高窟北魏洞窟以精彩绝伦的连环画取胜。第254窟和第257窟的壁画比较丰富。第254窟的《尸毗王本生故事图》、《萨埵那太子本生故事图》和第257窟的《鹿王本生故事图》是有名的北魏代表作。

《尸毗王本生故事图》正中的尸毗王形体高大，把画面一分为二。被割肉的小腿抬起，尸毗王目视血淋淋的伤口，使割肉主题一目了然。周围较小的画描写了鹰追鸽、鸽向尸毗王求救、眷属痛苦等情节，增大了内容和时空跨度。

由此可见，构图把不同时空范围内发生的故事情节有机地结合在一个画面上，使画面中心突出，容量增大，有条不紊，显示出了高超的结构才能和画艺。不愧是莫高窟最完美的本生故事组合式画。

《萨埵那太子本生故事图》把太子刺颈流血，舍身投崖，饿虎围食，两兄悲号报信，国王王后悲泣、收骨、造塔埋骨诸情节严密压缩在同一画面。

摩诃萨埵那太子"舍身饲虎"题材常见于早期佛教壁画中。人物安排交错有序，构图紧凑迫塞。整个画面以因年久变调而深邃难名、忽明忽暗的棕黑色为主，人体用粉色烘托，与散布其间的或平实庄严，或灵动蜿蜒的各种形状的青灰色、紫灰色、酱红色纠缠在一起，造成其逼面而来的幽冷沉重、阴森凄厉的气氛。一条条深沉的黑线和轻如游丝的白线繁复多变，穿插其间，把人、神、虎、山、草、木连在一起，使不同时间、不同地点发生的事都围绕着勇猛救虎的主题组织在一起，告诉人们一个完整的故事情节。

　　虽然故事本身具有鲜明的纯粹性，但观者不得不折服其高超的压缩时空的处理手法，为其造成的严肃、悲壮的感染力所震慑。

　　《鹿王本生故事图》是用一长条横幅展开了连续的情节。说的是古代有一头美丽的九色鹿王救了一个落水将要淹死的人反被此人出卖的故事。也有人说它是佛的前身。

　　《鹿王本生故事图》的横卷式构图，以及每一段落的附有文字榜题，都说明传统绘画在新形成的佛教美术中的重要作用。

　　《萨埵那太子本生故事图》和《鹿王本生故事图》这两幅本生图在风格上，特别是人物形象，具有和第272窟和第275窟壁画同样强烈的独特风格，但也明显地承袭了汉代绘画的传统。如树木、动物、山林、建筑物等。

《鹿王本生故事图》

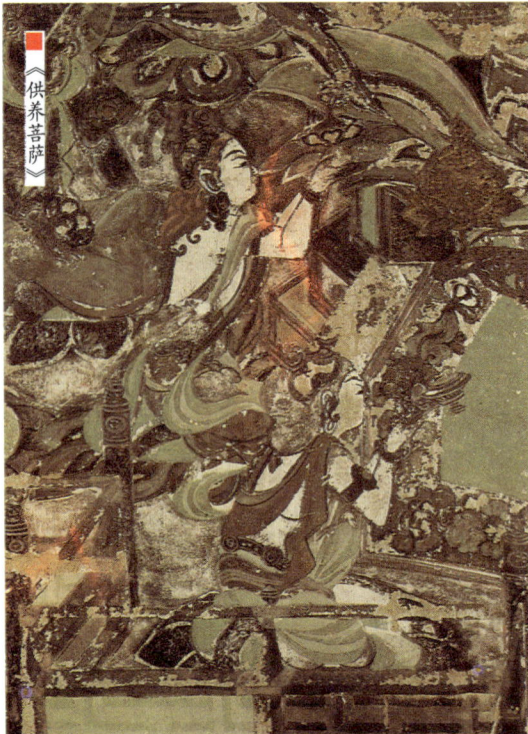

《供养菩萨》

古雅的壁画

到了隋代，洞窟的佛教故事画表现丰富，出现很多生活景象的具体描写，都是简单而有真实感，构图也比较复杂并多变化。可以说，隋代壁画是佛教美术的进一步的成熟。

唐代敦煌壁画的题材，大致可归纳为四类：净土变相、经变故事画、佛、菩萨等像和供养人。其中净土变相的构图是绘画艺术发展中一重要突破。利用建筑物的透视造成空间深广的印象，而复杂丰富的画面仍非常紧凑完整。

莫高窟的唐代净土变相共有125幅。第172窟的净土变相可以作为盛唐时代的代表作之一。

净土图的形式也是观经变相、弥勒净土变相、药师净土变相、报恩经变相的基本部分。但这些变相又各有其自己的内容表现在净土图的四周。其中有一些是生动的小幅故事画。用连续的小幅故事画表现其内容，并获得了相当的艺术效果的佛经变相，有佛传故事变相和法华经变相。

弥勒净土变相就是在净土图四周再点缀上弥勒描写过的峰峦，图下方有婆罗门正在拆毁"大宝幢"的建筑物，穰佉王等众人正在剃度出家等所组成的。

观经变，除中央部分是净土图以外，其特殊的内容是"未生怨"和"十六观"。

未生怨是用连续故事画表现频婆娑罗王为了求子先杀了一个修道之士又杀了修道之士投生的白兔，结果生了阿阇世太子，但太子长大却把父王囚禁起来，并要拔剑杀母后。

十六观是表现看着太阳、月亮、水、地、树、宝池、楼台等16种不同情况下的静坐冥想。

药师净土变的特殊内容是用一系列的小幅画表现的药师佛十二大愿。

法华经变和报恩经变的内容和表现都比较丰富。报恩经九品中有四品常见于图绘：孝义品、论议品、恶友品和亲近品。

《法华经》的内容也是常见于图绘的。在一类似净土图的构图中，在主尊释迦之前有七宝塔和入涅槃的佛，下面是一所火烧的房子，譬喻人之不知求佛，犹如处于此着火的房子中的孩子们一样，大人告诉他

■ 弥勒上生经变图

■ 法华经变画

古雅的壁画

维摩诘 音译，详称为维摩罗诘，或简称维摩，旧译净名，新译无垢称，维摩居士自妙喜国土化生于娑婆世界，示家居士相，辅翼佛陀教化，为法身大士。他勤于攻读，虔诚修行，能够处相而不住相，对境而不生境，得圣果成就，被称为菩萨。

们门外有各种好玩的东西，他们才肯出来。

左下方画清洁扫除的景象，其上是农夫在雨中耕作，再上是人之求法不能坚持，犹如旅行者人马疲惫，他们的道师便在青山绿水之间，变化出一美丽的城市作为目标，促使他们继续前进。

上方中央从地涌出七宝塔，中间坐了释迦和多宝二佛，图的右侧是净藏、净眼二王子为种种奇异变化等。

《维摩诘经变》是维摩诘和文殊菩萨论辩时种种景象，以及各国王子来听的热闹的场面。维摩诘激动的富有个性的面部表情刻画了出来。维摩变的左右两下角绘有相当于当时流行的帝王图和职贡图的题材。

绘画和雕刻中的佛、菩萨等像在唐代的佛教美术中是一重要创造。这些宗教形象在类型上比前代更增加了，这形象所表现出来的动作及表情也更多样化了，出现了多种坐、立、行走、飞翔中的生动姿态。

佛像一般的很少有表情流露在外，着重内在的精神的力量的蕴蓄，处理得较好并体现了时代的美的典型。菩萨像往往有丰腴艳丽的肉体的表现，色彩鲜明，单线勾出肉体富有弹性的柔软和圆浑的感觉，具有平静的安详的内心精神状态，呈酣睡或冥想的神态，并以多种多样的姿势变化表现各种轻巧细致的动作，全身动作有一致性。

文殊、普贤相对称，又各相独立的构图，也是常见的。在画面上，所有的人物及其动作统一在行进的行列中，伞盖等物也表现了行进中的轻微的动荡，文殊的坐像"犼"，牵引坐骑的"拂菻"，普贤坐骑象，牵引坐骑的"獠蛮"，都以其有力的形象表现了文殊、普贤的法力。

唐代的罗汉有多种面型，其中最年长的是迦叶，最年幼的是阿难，这两个罗汉常见于如来佛的两侧，表现出两种不同的性格，其他的罗汉可见于涅槃变中，表现出处于剧烈的痛苦之中，而有着异常夸张的表情。

天王、金刚力士等形象着重男性强健力量外部的夸张表现。描写全身紧张的筋肉，有着强烈的效果。天王和金刚一般都是在佛和菩萨的

维摩诘经变画

■ 敦煌罗汉壁画

周围，但也有独幅的，以天王为主神的构图。

毗沙门天为唐代战神，所以单独成为崇拜的对象。画面上有战斗的气氛，旗帜及飘带表现了气流运动和人的动作的一致，海水表现出广阔的空间，侍从中的怪脸综合了动物面相的特征和人的表情特征而创造的形象，时常出现在唐代壁画中。

供养人像则是描写真正的现实人物，但也按照这一时代的健康审美理想加以美化了的。第130窟是盛唐时期乐庭瓌和他的妻子王氏的供养像，是优秀的代表作。

女供养像和菩萨像在脸型上有共同点。唐代供养人的地位在壁画中逐渐重要起来，尺寸较大，而且是作为独立的作品加以精心描绘的，中唐以后在描绘供养人中，有进一步夸耀供养人的豪贵生活的作品。

敦煌莫高窟不仅有大量佛教作品，以佛的美善感召世人，也有着许多鲜活生动的风俗画卷，记载了我们先人前进的脚步。

婚礼图记载了我国古代的婚嫁风俗，这种壁画一般都存在弥勒经变里。据统计，莫高窟中描绘婚礼图共计38幅，主要形成于盛唐至北宋的300年间。

婚礼图中较为优秀的有盛唐年间的第445窟、第

供养人 指因信仰某种宗教，通过提供资金、物品或劳力，制作圣像、开凿石窟、修建宗教场所等形式弘扬教义的虔诚信徒。后世也指那些出资对其他人提供抚养、赡养等时段性主要资助的个人或团体。

148窟，晚唐年间的第9窟、第20窟和第156窟等。

第445窟的婚礼图画在北壁弥勒经变下部。图中左边是一个大院子，院子外面有搭建的帐篷，新郎、新娘和众位宾客都坐在帐篷中欢宴。

在露天的空场地上用四组屏风围成一圈，中间有一个人跳舞，旁边还有乐师伴奏。屏风后面隐隐约约间还能看出半个脑袋，看得出来是有孩童在偷看，显得特别风趣。

第9窟和第156窟婚礼图壁画中还描绘有两只大雁，这是我国古代婚礼中的一项重要内容，叫做"奠雁"。程序是新郎持雁扔到堂中，女方家代表将它接住，表示白头偕老的意思。

第20窟婚礼图壁画中描绘了男女结婚时候互相交拜情景，图中男子下跪而女子不下跪，显得十分新奇。原来唐朝武则天当政的时候，为了提高女性地位，规定男女结婚之时男子需要下跪，而女子主要欠身拜就行了，于是从武则天时期开始，形成了唐朝婚礼的又一习俗。

莫高窟壁画

■ 法华经变画

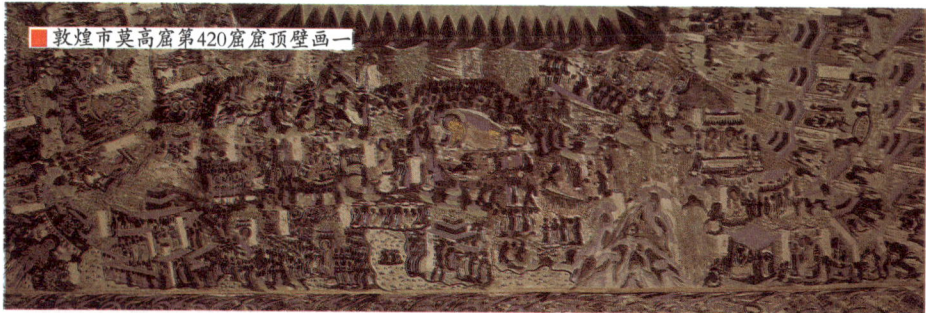
敦煌市莫高窟第420窟窟顶壁画一

敦煌市莫高窟第420窟窟顶壁画二

中有大量描绘我国古代商旅贸易的情景。因为当时的敦煌是丝绸之路重镇，古代商人活动频繁，东来西往的商旅昼夜不息，这些自然也体现在了壁画中。

莫高窟隋朝壁画第420窟窟顶法华经变种，描绘的是一个西域商主率领着一队商人，牵着一大群的骆驼、毛驴，满载货物，跋山涉水行走在高山和荒漠之中。

当商队在翻越一座高山时，骆驼不小心从山上滚落下去，摔死在岩石上，商人们抚摸骆驼的脊背，收拾货物，重新上路。这些都说明了我国古代商人的艰苦生活。

第45窟南壁的观音经变中，描绘的则是商人遭遇强盗的情景。画中有一队胡人，领头的是一个西域商人，他们牵着毛驴刚刚转过一个山头时，山谷中突然杀出来几个持刀的强盗。

西域商人小心翼翼地供上财宝，其余商人则战战兢兢，诚惶诚恐，露出惊惧、乞求的神色。人物神态描绘得极为生动，这些都反映出我国古代商人经商充满危险，极为不易。

莫高窟壁画中描绘我国古代耕种、收获等劳动场景的壁画非常普遍，这种耕获图在早期壁画中就非常多，唐朝以后更是随处可见，其中比较典型的有第23窟的雨中耕作图。第445窟的耕获图等。

第23窟北壁法华经变左上角，描绘出一片田地，一个农夫戴着斗笠，右手扶犁，左手扬起鞭子，正挥赶着黄牛犁地。天上乌云密布，下起了大雨，右边有一个人正冒雨挑着柴火走来。

雨中耕作图的下部分是在一处山丘旁边，有一户一家三口的农家正在吃饭。这些都将我国古代耕牛犁地劳作生活展现得淋漓尽致。

第445窟北壁右上部耕获图中，下半部展现的是一个农夫一手扶犁，一手挥舞着鞭子，前面是两头牛，这是犁地的情景。

画面的中间部分是两个人正在地里收割，一个人挑着收割的粮食正往回走。上部还画出两个农夫正在打场，左边有四个人在吃饭。

右边上部有一个大厅，厅中坐着一个人，端着茶杯，农夫正拱手向他说话，这大概表现的是农民向地主交租的情景。

莫高窟壁画中也有一些表现古代体育运动的画面，早期壁画中就有很多关于角力、射箭、马技等项目的描绘。

敦煌莫高窟第445窟北壁壁画

莫高窟北周第290窟佛教故事连环画中，悉达太子与两个射手一字排开，分别持弓瞄准排成一串的七面鼓，据说，悉达太子一次能够射穿七面鼓。这或许是古代印度的一种比武形式。

另外，第290窟还描绘有太子与难陀的摔跤故事，也十分有趣。

第156窟的张议潮出行图后部，画有晚唐时期的打马球，马球是唐朝非常盛行的一种体育运动。其中四个人骑马，均执球杖，目光向下，盯着地面上的球，形象生动活泼。

五代时期的第610窟的佛本行集经变屏风画中，则描绘出了许多体育运动的场面。有腾跃双马、腾跃四马，在马背上举铁排等马技，箭射飞雁，举象、铁车等，都十分生动。

莫高窟初唐壁画第431窟西壁一幅牧马图。马夫看上去像是困倦了，手里拿着缰绳，抱头大睡。马夫的左边站着一匹马，右边站着两匹马，全都膘肥体壮，与唐朝流行的昭陵六骏风格一致。

除了以上诸多壁画之外，莫高窟中描绘我国古代生产、生活、民风、民俗的内容还有很多，如求医图、卖肉图和饮酒图等。这些形象生动的敦煌壁画为我们今天了解古代生活提供了不可多得的原始材料，堪称国之瑰宝。

阅读链接

敦煌莫高窟壁画是敦煌艺术的重要组成部分，规模巨大，技艺精湛。敦煌壁画的风格，具有与世俗绘画不同的特征。它的内容丰富多彩，它和别的宗教艺术一样，是描写神的形象，神与人的关系以寄托人们善良的愿望，安抚人们心灵的艺术。

尽管敦煌壁画几乎都是描写佛教内容，但是，任何艺术都源于现实生活，任何艺术都有它的民族传统，宗教思想也是如此。在敦煌壁画中，也有许多描绘世俗生活的壁画，精美绝伦，仿佛再现了我国古代劳动生活。

戈壁明珠克孜尔石窟壁画

克孜尔石窟群是我国重要的艺术宝库，其形成发展，与龟兹文化和佛教文化有着密不可分的关系。魏晋南北朝时期，是龟兹吸收印度文化、犍陀罗佛教文化形成本地灿烂的民族文化时期，从那个时期开始开凿营造了许多石窟。

克孜尔千佛洞是我国开凿最早的石窟，先后持续长达五六百年之久。作为龟兹石窟的代表，克孜尔石窟可以说是开我国西北石窟艺术之先河。

克孜尔石窟艺术的主要成就之一，就是面积达1万多平方米的壁画。内容包括佛、菩萨、比丘、飞天、供

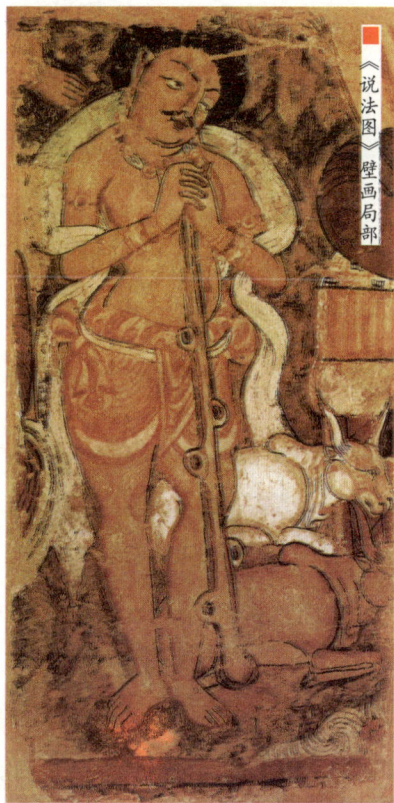

《说法图》壁画局部

■ 菱形格本生画

古雅的壁画

法轮 佛家词汇，在藏传佛教中又称金轮。在古印度时候，轮既是一种农具，也是一种兵器，佛教借用轮来比喻佛法无边，具有摧邪显正的作用。凡是法轮转动之处，一切的邪恶思想，无不为其摧破。

养人像、本生故事画、佛传故事画、因缘故事画，被誉为"戈壁明珠"。

在克孜尔千佛洞，佛传故事画面最多的是妙转法轮、降魔成道、精进苦修等3个场面。与敦煌不同的是，克孜尔石窟群画面所表现的只是本生故事中的一个关键性情节，因此一幅画就代表着一个故事。

这样，在一处壁面上，有时可以出现十几个以至几十个本生故事。克孜尔石窟群壁画艺术中，这种杰出的处理方法独树一帜，在其他石窟难以见到。

克孜尔石窟壁画中以人物形象居多，有大量反映当时龟兹人生活情况的作品，如商旅负贩、二牛犁地等。其中男供养人不剪发且戴有巾帽的是当时龟兹国王的画像。

第47号窟的壁画，在前室纵券顶窟顶上画着的是大飞天，后室横券顶窟顶上也是大飞天。她们上身裸露披挂璎珞、宝带，下身着裙，在腰间有两个衣结。她们的身体伸得比较直，只是以双脚分开，一屈一伸来表示飞的姿态。

在涅槃台西头紧靠着涅槃佛头部的西壁底部，有一副萨埵那太子舍身饲虎本生。在这幅画面上，萨埵那太子一手撑着地，上半身离地稍微仰起，另一只手则伸向天空，似乎他正在忍受着极大的痛苦和做出极大的牺牲。动感十足，富于生气，产生更巨大的艺术效果和感染力。

龟兹艺术家们吸取了古希腊和犍陀罗艺术的精髓，抓住了人类感受最亲切、最微妙、最能触发激情的视觉对象就是人体，表达了他们对佛陀、菩萨、飞天的崇敬，对自由的向往和对自然的钟爱之情。人体艺术的光辉照亮了克孜尔石窟，使它成了"丝绸之路"文明的一个象征。

龟兹的画师们以单纯优美的线条，勾勒出了美妙的人体，奏出了人类童年时代纯洁无瑕的乐章。

世间最美的莫过于人体之美，在克孜尔石窟群壁画中，众多的人体特别是女性人体形象十分引人注目。人体壁画不但反映了当时龟兹民族的历史文化、社会生活内容，而且与佛教教义、佛教艺术结合得十分自然。龟兹人以大胆创新的精

瓔珞 古代用珠玉串成的装饰品，多用为颈饰，又称华鬘。原为古代印度佛像颈间一种装饰，后随着佛教一起传入我国。唐代时，被爱美求新的女性所模仿和改进，变成了项饰。它形制比较大，在项饰中最显华贵。

■ 克孜尔石窟第47窟壁画

■ 克孜尔石窟壁画

古雅的壁画

神和非凡的勇气，为世界艺术史留下了一道十分亮丽的风景线。

在佛经记载中，佛说法是一件了不起的大事，佛把深刻的道理讲给沉迷的人们听，以唤醒他们并带给他们天国的幸福。这是一个幻想的奇丽的世界，因而在说法讲到微妙之处，常常伴有音乐、歌舞，天人伎乐会从各个方面拥向画面，形成一个规模不小的乐队。

克孜尔第38窟被称为音乐窟，壁画描绘了龟兹乐队演奏的场景。左右壁《说法图》上方，有带状的14组乐伎，即乐神。每人奏着一件乐器。从手势和乐器的音位来看，都居然停止在一个节拍上。

从这些壁画上可以看到这个班排序列，它有阮咸，上边有龟兹琵琶，还有排箫，还有手铃，钹、长笛都有，可以看到舞者的形象，拿着璎珞准备跳舞，跳舞的人多是体态轻盈的少女，穿紧身薄罗衫，她们或立，或蹲，或腾空而起如御风行驶，或脚尖着地如陀螺转动，舞姿优美，柔若无骨。

除《说法图》以外，一般在洞窟后室涅槃像座或壁画的旁边，也有这种男女乐神，而且单独形成画

琵琶 传统弹拨乐器，最早大约在秦朝出现。"琵琶"二字中的"珏"意为"二玉相碰，发出悦耳碰击声"，表示这是一种以弹碰琴弦的方式发声的乐器。"比"指"琴弦等列"；"巴"指这种乐器总是附着在演奏者身上，和琴瑟不接触人体相异。

面。较之《说法图》中出现的造型更优美，人体艺术的味道也更足。

以第163窟后室左壁为例，女露上身，弹箜篌，姿态柔媚，男全裸，佩璎珞，披帛带，与女叙谈，生活气息浓郁。

第163窟右道壁端的《佛度化乐神善爱故事画》，图中右侧为善爱，左侧白肤色者为女乐神。人物线条如行云流水，笔法流畅，表情传神，可谓身心完美的统一。

克孜尔石窟群壁画中的《传法图》相当普遍，比较常见的有两种，一种以连续方格的形式出现，幅面小，场面也小；另一种以通壁壁画的形式出现，场面大，气氛也较连续方格为庄重。

一壁之中的佛像，多分成3组或5组，各成单元。每单元内容大体相同：佛居中，左右听法诸菩萨、比丘、婆罗门、伎乐。

由于《说法图》的佛座两侧，常有女子交脚而坐，双掌相合作听法状，姿态十分优美，故名为闻法菩萨。

《说法图》中的舞蹈菩萨，仅着臂环或脚镯一类的饰品，此外便是用以助舞的

菩萨 "菩提萨埵"之略称。意即求道求大觉之人、求道之大心人。菩提，觉、智、道之意；萨埵，众生、有情之意。与声闻、缘觉合称三乘。即是指以智上求无上菩提，以悲下化众生，修诸波罗蜜行，于未来成就佛果之修行者。

■ 第163窟内的《天神》壁画

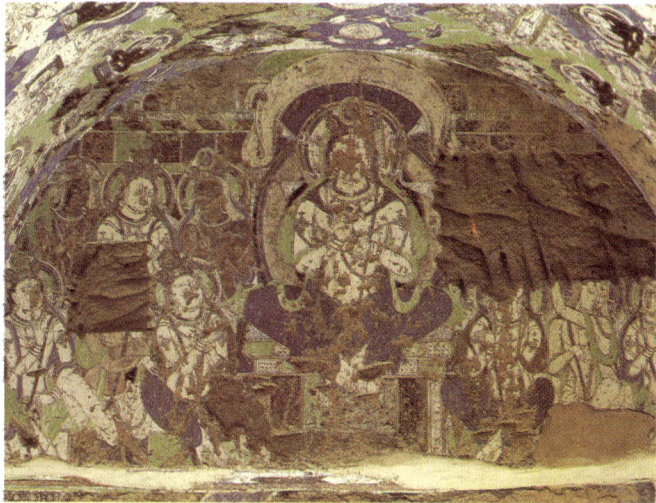

古雅的壁画

■ 克孜尔的《说法图》壁画

排箫 是由一系列管子构成的管乐器，管子都是按由长到短或由短到长的顺序排列，并且把它们并排联接在一起，管子的底部都用塞子堵住，构成一个个独立的吹管。吹奏时，气流进入管中，可以产生高低不同的音调。排箫的音色纯美，轻柔细腻，空灵飘逸。

绸带了。其娇美的舞姿栩栩如生。

佛经中把天国描述成为一方净土，这是一个幻想的奇丽世界，这个世界鸟语花香，歌舞升平，充满了博爱、幸福。所以在龟兹石窟中，不论是说法图、因缘故事，还是佛传故事、本生故事和其他内容的画面中，常有乐舞菩萨、飞天、天宫伎乐或是单一或是成双成对地出现。

如克孜尔第8窟中的《舞师女作比丘尼》，画面表现舞师女在佛面前歌舞，仅有披帛饰身，显示出婀娜的身姿。她左手托起，右手弯肘呈下推状，双脚交叉，出胯扭腰，非常诱人。

这幅画与被誉为"舞神"的第101窟裸女相对照，画中裸女的形态舞姿几乎无异，其中，不同的是前者头部微侧，目视右方，如同动作协调、舞姿优美的双人舞。

在第175窟《五趣轮回图》中，画的是一舞女舞姿优美，动作强烈，较高跨度的跳跃，从画面上看其跳跃向右方，但头部却回转，顾盼左面交足而坐、怀抱筚篥、双手作节拍状与舞女舞步相和者，其动作配合默契，仿佛能从画面上感受到舞姿的柔美和节拍旋律的变化，相当传神。

在第161窟中，有一对相互偎依的人体伎乐菩萨，一个鼓腮吹笛，另一个双手抱排箫等待着随时吹奏，用笔细腻，造型优美，是众多伎乐菩萨中的佼佼者。

这些千姿百态的舞姿，使观者眼花缭乱，美不胜收。龟兹舞蹈典雅优美，动感强烈，又有碗舞、花巾舞等极具地方民族特色的民间通俗舞。

克孜尔石窟群壁画佛传故事中，有不少描绘太子降生的图画。无忧树下，摩耶夫人扶在侍女肩上，双腿交叉站立，右臂扬起，太子从她臂下肋间诞生，上身因之微向右倾。姿态从容、高雅，完全是舞蹈动作。

在这组人物的旁边，同样以动人的姿势站立着的是裸体的年轻太子。他和他的母亲摩耶夫人在画家的彩笔下，人体形式得到了充分的表现。在《太子降生图》中，龟兹艺术家充分展示了摩耶夫人的人体美。

龟兹人体艺术的面部造型特征突出，头部较圆，颈部粗，发际到眉间的距离长，额度较宽，五官在面部所占的比例小而且集中。

龟兹壁画人体以几何形组成，常用六个大

石窟壁画

克孜尔石窟壁画

■ 克孜尔石窟壁画

龟兹 我国古代西域大国之一，唐代安西四镇之一，又称丘慈、邱兹、丘兹。龟兹古代居民属印欧种，拥有比莫高窟历史更加久远的石窟艺术，龟兹人擅长音乐，龟兹乐舞发源于此。

小不同的圆圈和几个圆锥形来表现人体的大块体结构，夸张了其神情。

龟兹壁画的人体造型追求神似、意境，追求气韵、仪态，是按照对象本身的结构所包含的基本形状来表现他们。特别抓住了女性人体的曲线之美，及其"S"形曲线变化为核心，构成人类共同的审美情趣。

龟兹壁画人物形象中，对面部的刻画尤为细腻，其感情色彩表现得很丰富。如圆形脸，鱼形的眉目，高高的鼻梁，小小的嘴巴等。

就点眸而言，有对眸的，有斜眸的，有半掩眸的，还有将眸子藏于眼角的深处的侧视，因此他们的表情各异。

从壁画的风格和技巧来看，克孜尔石窟群虽然不像敦煌石窟，一个时代的壁画和另一个时代的这么泾渭分明，但也可以看出一个大概的发展过程。

早期壁画依风格而论，比较粗糙。人物是用极粗的线条画出的轮廓，再用手涂的笔法表现人身和衣纹的细部。慢慢地人物画的轮廓线变细了，出现了"屈铁盘丝"式的细线条。

人物肌体运用了深浅不一的晕染工艺，产生了质感，这种表示物体阴阳明暗的晕染，使画像充满了立体感。特别是把人体的肌肉显示出来，使画中人物呼之欲出，这种绘画技法明显受了犍陀罗文化的影响。

到后来，壁画风格有了更大的进步。如人物的轮廓线有了粗细相间的线条，在轮廓线内又加以晕染，特别值得一提的是在用色方面，克孜尔石窟群的壁画多以土红、大绿为主，相当接近于莫高窟中晚唐壁画的颜色。

这里的壁画还有一绝，它不是画在涂白的泥壁上，而是在泥壁上直接作画。既采用了有覆盖的矿物颜料，也使用了透明的颜料。着色方法不但有平涂的烘染，而且有水分在底壁上的晕散。这种具有独特风格的"湿画法"，也称凹凸画法，它是古龟兹国人的一种创造，是绚丽的石窟壁画园地里最鲜艳的一枝花朵。

第17窟被称为"故事画之冠"，这里的四壁、窟顶、甬道、龛楣，到处是色彩艳丽的壁画。

其中一幅格外引人注目：只见一峰满载货物的骆驼，昂首而立，

《兜率天宫菩萨说法图》

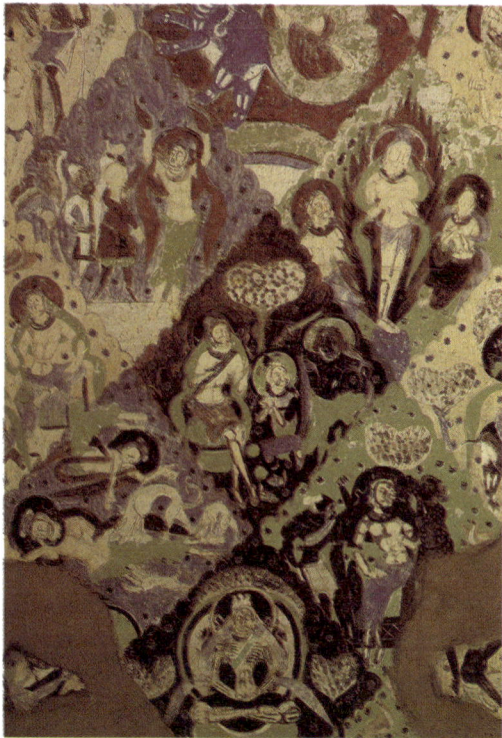

■ 第17窟的《菱形格本生画》

眼望远方。驼前两个脚夫头戴尖顶小帽，脚蹬深腰皮靴，身穿对襟无领长衫，满脸须髯面向前方，正振臂欢呼。

他们为何如此兴奋？原来在脚夫前面还有一人，只见这人两眼微闭，神态自若，高举着正在熊熊燃烧的双手，指明了骆驼商队前进的方向！这就是所谓"萨薄白毡缚臂，苏油灌之，点燃引路"的本生故事。

克孜尔石窟壁画最令人印象深刻的是它的菱格构图。在每个菱格中画着不同的佛本生故事、因缘故事、供养故事和千佛故事，这些菱格还含有佛教意义，莲瓣表示莲花，山为须弥山，树为菩提树，皆是佛家吉祥的象征。

卓越的画师把复杂的故事巧妙描绘在一个菱形画面中。如猕猴王本生故事，是叙述释迦牟尼前世为猕猴王时爱护群猴，最后舍生救猴群的、有着曲折过程的故事。

在画面上，只见奔逃的猴群面临深涧，追捕的猎人引箭待发，猕猴王前后脚攀住深涧两岸的树干，以身为桥，引渡群猴。它身上有猴子奔驰，衰竭的体力很快将支持不住，却转面焦急地顾盼稚弱的猴子。这幅画把猕猴王舍生忘死、关心群猴安危的拳拳之情，描绘得活灵活现。

克孜尔千佛洞不仅有大量宣扬佛教教义的画面，也有畜牧、狩猎、农耕、乘骑、古建筑的真实写照。

第175窟中心柱右面的通道里，有两幅著名壁画。《二牛抬杠》图中，只见两头膘肥体壮的老黄牛，低头甩尾，合抬一根木杠奋力向前拉犁。犁后的农夫一手举鞭，一手扶犁，正聚精会神地犁地。

与这幅《二牛抬杠》图毗邻的还有一幅《耕作图》。头顶小帽、身穿短裤的农夫，手持一把形似锄头的挖土工具"坎土曼"，作向下用力刨土的姿势。

这幅《二牛抬杠》耕地图和解放初新疆农村犁地的情景一模一样。栩栩如生、惟妙惟肖的画面，使中外学者为古龟兹画师的写实手法拍案叫绝。

坎土曼 新疆维吾尔等少数民族使用的一种铁制的农具，由木柄和铁头两部分构成。木柄长约1.2米，铁头呈盾形。铁头的大小不等，大的长约30厘米，宽约25厘米，重约6斤半；小的长约25厘米，宽约20厘米，重约5斤半。

阅读链接

克孜尔千佛洞壁画，既有汉文化的影响，也有对外来文化艺术有选择地巧妙接受，更是古龟兹画师非凡的智慧结晶。在我国乃至世界壁画史上占有重要地位。

当年的匠师们用粗犷有力的线条，一笔勾画出雄健壮实的骨骼，用赭的色彩，烘染出丰富圆润的肌肤，轻轻一笔画出布置均匀的衣褶。又借助一条飘曳的长带，表现出凌空飞舞自由翱翔的意境，使人一看到那些"飞天"，便有"天衣飞扬，满壁风动"之感。

罗汉祥集的云冈石窟壁画

云冈石窟壁画

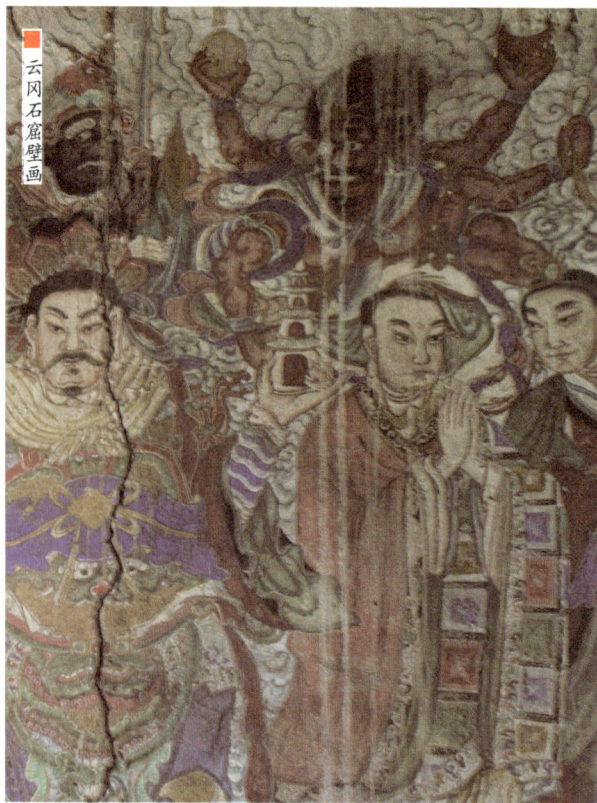

云冈石窟位于山西省大同西郊武周山北崖，石窟依山开凿，东西绵延1000米，主要洞窟有45个，大小窟龛252个，石雕造像5.1万余躯，是我国规模最大的古代石窟群之一。

云冈石窟不仅有石窟，有佛像，还有着众多精美的壁画，这些壁画堪称一本本精妙的画书，描绘的主要内容就是佛，飞天等神话故

■ 云冈石窟壁画

事，都与佛学息息相关，壁画是那样的精美，画工技艺十分娴熟，每一笔、每一画都是那样的生动，那样的传神，真是历史上的一大瑰宝！

在云冈石窟的壁画中，最为突出的是其中的罗汉壁画。作为佛弟子，罗汉多出现在佛的周围近处，或是作"听闻"而闻法，或是永住世间而护持正法。

在云冈第6窟木阁楼中，两侧壁画的十八罗汉是石窟壁画中的精品。这些脚踩红云、莲叶、海螺、龟鳖、葫芦等神物立于海水之中的阿罗汉，头顶祥云面貌和悦，个个头绕圆形光环，表明他们已然修成正果，达到佛教修行的最高境界了。

这些修成正果的罗汉，有的正面立身，双手持法物展示着自己的独特身手；有的侧面立身，走进人群，似欲告诉他人自己的修道体会；有的回头走开，似不屑一顾而自得其所；有的身挎神兽而来，有的头

罗汉 阿罗汉的简称，有杀贼、应供、无生的意思，是佛陀得道弟子修证最高的果位。罗汉者皆身心六根清净，无明烦恼已断；已了脱生死，证入涅槃；堪受诸人天尊敬供养。于寿命未尽前，仍住世间梵行少欲，戒德清净，随缘教化度众。

■ 云冈石窟壁画

古雅的壁画

灭度 又称"涅槃"，又叫"入灭"、"灭惑"，度生死的意思。不是永生，是非生非灭。后来也翻译为圆寂，即圆满一切功德，寂灭一切惑业。即离生死之苦，全静妙之乐，穷极之果德也。

顶礼帽而至。人物刻画姿态各异，生动有趣。

各位罗汉有的拈花、有的持钵、有的捧书、有的摇扇、有的扛铲、有的握铃、有的托帛、有的合十，更有将鞋和葫芦挑至肩上等等，体现了罗汉不同的性格特征。

佛典说，释迦牟尼佛为使佛法在佛灭度后能流传后世，使众生有听闻佛法的机缘，嘱咐十六罗汉永住世间，分赴各地弘扬佛法，利益众生。

在佛教的祖源地印度，罗汉都是历史人物，他们均为释迦牟尼的弟子，由于德行高尚被释迦牟尼委以重任。佛教传到我国后，十六罗汉便成为艺术家创作的题材。

据文献记载，十六罗汉有："坐鹿罗汉"宾度罗跋罗堕阇、"欢喜罗汉"迦诺迦代蹉、"举钵罗汉"诺迦跋哩陀、"托塔罗汉"苏频陀、"静坐罗汉"诺距罗、"过江罗汉"跋陀罗、"骑象罗汉"迦理迦、"笑狮罗汉"伐阇罗弗多罗、"开心罗汉"戍博迦、"探手罗汉"半托迦、"沉思罗汉"罗怙罗、"挖耳罗汉"那迦犀那、"布袋罗汉"因揭陀、"芭蕉罗汉"伐那婆斯、"长眉罗汉"阿氏多、"看门罗汉"注茶半托迦等。

佛教传入我国，在十六罗汉的基础上，逐渐出现十八罗汉，具有了我国特色。到了清代，皇室信佛，由乾隆皇帝钦定，将"降龙"和"伏虎"二位罗汉列入正式序列，成就十八罗汉。

由此，云冈第6窟木结构窟檐底层东西两壁，各突出地绘画了降龙罗汉和伏虎罗汉，并融合聚集于其他罗汉之中。

降龙罗汉位于东壁，在壁画前排左侧第二位置，罗汉黑面络腮胡，怒目圆睁，咧嘴龇牙，左手举起，右手托钵，由钵内升起一缕白烟，白烟散开，一条青龙跃然于上。

伏虎罗汉位于西壁，在壁画前排右侧第一位置。此罗汉面容苍老，神情沉稳，泰然自若地骑虎而来。他一手举杖，一手抚摸虎头，老虎以和善顺服的眼神回头望着罗汉。

云冈石窟壁画与大量表现菩萨形象的大乘佛教不

钵　原是洗涤或盛放东西的陶制的器具，形状像盆而较小的一种陶制器具，用来盛饭、菜、茶水等。一般泛指僧人所用的食器，有瓦钵、铁钵、木钵等。一钵之量刚够一僧食用，僧人只被允许携带三衣一钵，此钵则为向人乞食之用。

059

艺术宝库

石窟壁画

■ 云冈石窟内的佛像壁画

同，突出地表现成就正果的罗汉形象，似乎表现了小乘佛教的重要特征。

在云冈出现的这一情形，从一个侧面反映了清代初期佛教的发展盛况。亦即无论大乘小乘，都是为教导众生着力而为，都在尽力弘扬佛法。大小乘的一并显示，是为因应不同根基众生之所需，而无宗教世界观的根本不同。

云冈石窟壁画在制作工序和颜料运用上、佛教石窟艺术本身造型上，以及对石窟建筑空间的装饰上都具有独特的色彩装饰美，通过对云冈石窟色彩装饰这种独特美的分析研究，不仅能提供我国古代绘画艺术的美学依据，而且也能体会到云冈石窟壁画艺术的教化意义。多少年来，云冈石窟壁画尽管遭受人为划痕破坏而伤痕累累，但其依旧色彩鲜艳而绚丽夺目。

阅读链接

云冈石窟为什么开凿在武周山？这与武周山这块风水宝地密切相关。武周山坐北向南，武周山内山清水秀，可以说是"藏风得水"的好地方。武周山，又称武周塞，位于内外长城之间，是北魏通向北方的咽喉要道，当时人马商队来往频繁，还驻扎了重要的军队，皇帝经常在这里议论国家大事。

武周山成为北魏皇帝祈福的"神山"，他们在这里遥拜北方，祈求神灵保佑江山社稷。因此，北魏皇帝在"神山"开凿石窟，创建寺院，也在情理之中。

古墓壁画是土墓代替了石墓后，绘于墓室土壁上的精美壁画，不仅是我国古代壁画艺术的重要实物资料，也是研究古代墓葬历史文化的珍贵实物资料。

以汉代陵墓壁画为例，属于西汉时期的有河南洛阳的卜千秋墓壁画、陕西西安的墓室壁画《天象图》；属于新莽时期的有洛阳金谷园新莽墓壁画；属于东汉时期的有山西平陆枣园汉墓壁画《山水图》、河北安平汉墓壁画，以及在内蒙古和林格尔发现的壁画墓等。这些陵墓壁画反映了秦汉时期的厚葬之风。

陵墓壁画

大气恢宏的洛阳汉墓壁画

洛阳汉墓壁画《男墓主与男侍仆图》

洛阳在两汉时期曾为陪都和都城，是当时政治、经济、文化的中心。洛阳发现的大量汉墓壁画遗迹，保存完好，色彩鲜艳，洋洋大观。

洛阳汉墓壁画可大致看到两汉壁画发展的脉络。从招魂升天到车骑出行，从日月星象到宴乐歌舞，从宗教迷信到封建礼仪，表明汉代艺术逐渐从神鬼世界走向人的现实生活，稚拙古朴，天真烂漫。从中反映出当时各种艺术空前发展。

汉代厚葬之风盛行，上至

皇室，下至豪门世族，殷富大户，皆崇尚厚葬，追求灵魂不灭。这种从凡俗升华到天国的热切情怀，对未来生活的憧憬与对物质财富的强烈占有欲，在汉墓壁画中得到了充分的体现。

洛阳汉代壁画墓共有112座，年代以卜千秋墓为最早，约在西汉昭帝和汉宣帝之间，最晚为朱村壁画墓，当为东汉晚期至曹魏时期。

这里有伏羲女娲的人首蛇身，有西王母、东王公的传说和形象，这是一个人神杂处、奇异怪诞的世界，这是一个现实图景与神话幻想同时并存，儒教和谶纬迷信共置一处的浪漫天地。

在这些琳琅满目的汉墓壁画中，不仅可以看到两汉时期墓室的建造技巧和壁画发展的脉络及特点，而且还能感受到汉代人们的情感意趣和思想观念。

洛阳汉墓壁画所涉及内容大致可分为5类：一是神话故事类。主要有东王公、西王母、伏羲、女娲一类仙人和表现天上世界的仙禽神兽，及在"天人感应"论影响下产生的祥瑞图。最具代表性的是卜千秋墓的《升仙图》。

卜千秋墓墓顶平脊上绘一幅完美的卜千秋夫妇升仙图，长4.51米，宽0.31米。图中在13块砖上从前至后依

曹魏 我国汉末三国时期由曹操建立的政权，曹操称魏王，其子曹丕称帝，后多称曹魏，由于之后的北魏被称作"后魏"，于是曹魏也称为"前魏"或者"先魏"。是汉末三国时期最强大的一个政权，其疆域鼎盛时期约为450万平方公里。

古雅的壁画

■ 洛阳汉墓壁画《卜
千秋夫妇升仙图》

次绘有：女娲、月亮、持节方士、二肖龙、双枭羊、朱雀、白虎、仙女、奔兔、猎犬、蟾蜍、卜千秋夫妇、伏羲、太阳、黄蛇等。

这幅图可以说是长沙马王堆汉墓帛画升仙图的展开形式，长长的升仙队伍，显得气势雄大而壮观，完全是一个"飞龙乘云，腾蛇游雾"的逍遥世界。

二是天像神类。如日、月、星宿、云气和象征四方星座的四神：青龙、白虎、朱雀、玄武。洛阳烧沟61号壁画墓的日月星云图，是我国发现最早的天像图之一。

在这座墓室顶部平脊12块砖上，从前至后绘出一幅长3.5米，宽0.55米的日月星云图。依次为：太阳、北斗、王帝座、贯索、毕宿、心宿、鬼宿、月亮、虚宿、河鼓、右旗、织女、柳宿、叁星。

三是历史故事类。"以古为镜，可知兴替"，重视历史借鉴，在汉时甚为风行，并以壁画形式引导帝

女娲 风姓，又称娲皇、女娲娘娘，《史记》中称"女娲氏"。是古代传说中的创世女神，被称为中华民族人文始祖。在伏羲去世之后代替伏羲管理部众，因世间天塌地陷，于是熔彩石以补天，斩龟足以撑天，留下了"女娲补天"的神话传说。

王臣民酌古而鉴今。为了宣扬儒家伦理道德，强调人身依附关系，先秦时期的经史故事多在壁画中出现，比如孔子、周公一类的古代圣贤及猛将义士等。

洛阳烧沟61号西汉壁画墓中发现的"二桃杀三士"，在墓室前堂隔梁正面，绘一幅长卷，高0.25米，长2.06米，图中共绘13个大小不同的人物，左端有三座蓝紫色的小山峦，山右绘三武士，他们情态各异，或拔剑，或扶剑。这幅画所表现的内容，右边八人是《二桃杀三士图》，左边五人是《周公辅成王图》或《孔子师项橐图》。

四是表现墓主享乐生活的燕居、庖厨、宴饮、歌舞、迎宾拜谒等场景。比如偃师辛村新莽墓壁画，此墓壁画共有8幅，其中以《庖厨图》等最为著名。

《庖厨图》画中人物众多，形态生动传神，真实地反映了汉代中原地区人们的饮食习俗和浮华奢侈的社会生活场景。

五是表现墓主仕宦经历和身份的车骑出行。例如偃师杏园村东汉墓壁画和朱村东汉曹魏墓壁画，其中杏园村《车马出行图》，色彩深沉厚重，人物动态栩栩如生，画幅长达12米，共绘出9乘安车，70余个人物，50余匹奔马，在当时可谓鸿篇巨制。

周公 为周代的爵位，得爵者辅佐周王治理天下。历史上的第一代周公姓姬名旦，亦称叔旦，周文王姬昌第四子。因封地在周，故称周公或周公旦。为西周初期杰出的政治家、军事家和思想家，被尊为儒学奠基人。

■《车马出行图》

《车马出行图》气势雄壮，车骑队伍浩浩荡荡，描绘出一派车辚辚、马萧萧的威赫场面。

洛阳汉墓壁画形制多为砖石结构，西汉用空心砖，东汉用砖券，墓主多为地方豪强和高官显贵。作画者大都是民间画工，他们师徒相传，父子相继，终日伏于墓中，在晃动油灯下，一笔一画地描绘。

壁画一般都画在顶脊或山墙上，或者室中的两边壁上，概括起来有3种作画方式：一是绘前在空心砖上涂一层白灰泥，然后用墨线勾勒，再施色彩；二是涂抹一层白灰膏于小砖上，再绘壁画；三是用白灰水刷底，绘在墓壁和顶部的砖上，笔画粗犷。

从洛阳汉墓的绘画技法上看，当时主要以毛笔为作画工具，用墨色勾线，用化学性质稳定的朱、绿、黄、橙、紫等矿物质材料为主要颜色。前期壁画笔法稚拙，造型夸张，墨色鲜艳，人物情态惟妙惟肖，画面充满神秘感和运动感。后期壁画造型严谨，向写实方向发展，线条紧劲绵密，繁简有致，动静有序，注重细部刻画，墨色丰富，含蓄深沉。

阅读链接

汉代是我国绘画艺术史上的第一座高峰。作为西汉五大名邑之首及东汉都城的洛阳，两汉时期在政治、经济、文化、艺术上地位之重要，堪与唐代的长安媲美。从20世纪初以来，洛阳地区先后发现两汉时代的壁画墓达十几座之多，其绘画题材之丰富、艺术水平之卓越、延续年代之长久、发展脉络之清晰，均称全国之冠。

洛阳汉墓壁画以其独特的艺术面貌，深沉雄大的气魄充分显示了博大精深的汉民族绘画艺术，为我国绘画的发展写下了辉煌的篇章。

东北文化代表高句丽墓壁画

高句丽墓《托梁力士图》

在我国吉林集安高句丽王城外群山环抱的洞沟平原上，现存近7000座高句丽时期的贵族墓葬，堪称东北亚地区的古墓群之冠。

在高句丽墓许多贵族墓室里，都绘有线条飘逸流畅、内容丰富并具有传奇神话色彩的精美壁画，距今虽已1000多年，仍色彩鲜艳。这些壁画

古雅的壁画

■ 角抵墓《角抵图》

艺术，是高句丽文化的代表。

高句丽墓群中著名的壁画墓有角抵墓、舞蹈墓、马槽墓、冉牟墓、洞沟12号墓、长川墓、五盔坟4号墓、禹山3319号墓、环纹墓、四神墓等。

角抵墓位于吉林集安城东北3千米的禹山南麓的坡地上，隶属于洞沟古墓群禹山墓区。因墓中绘有两人角抵壁画，故名"角抵墓"。

角抵墓是一座封土石室壁画墓，截尖方锥形封丘。封土直径15米，高4米。整个墓葬由墓道、甬道、左右耳室和墓室构成。

其中墓室的四角绘有储色一斗三升斗拱，上面承接赭色梁枋，梁相横贯四壁，上有卷云纹组成的三角形脊尖，将墓室分为四壁和藻井两部分。

墓室的东壁所绘《角抵图》最富有特色，人物神情惟妙惟肖，谐趣横生。画面中两位力士正在大树下奋力角抵，双方将头各置于对方肩上，手抓对方腰

角抵 我国古代摔跤运动。满语称"布库"，又叫撩脚。清入关前即已盛行。皇宫内时常有摔跤表演和比赛，并专设"善扑营"对摔跤进行训练。在民间也广为流行，比赛开始后，可用摔、绊、背等招式，以把对方摔倒在地为胜。

胯。势均力敌，难解难分。

壁画上的力士都是仅穿着一条短裤。赤裸着上身，系头巾。左边力士高高的鼻梁，眼窝深陷，短短的胡须向上翘起来，似为西域胡人。右边力士蓄汉式短胡须。

力士右侧有一位白发长胡须的老者，巾结系腰，拄着拐杖，可惜面部已经脱落，是观赏者还是裁判就无从得知了。

北壁正对甬道，梁枕下画有与北壁等长的帷幔。帷幔的上方有一道窄梁，大概是象征屋宇。檐上有等距的3个尖状屋脊。

屋内绘有《家居宴饮图》，画面中墓主双手叠压在一起，叉腿坐在木几之上。

与墓主相对的右侧，有两位女子次第跪坐在毡毯上面。都是双手合抱于胸前，低头朝向墓主，应该是墓主的妻妾。

在墓主左右的案桌上放置着弓箭、食具，而妻妾面前的案几上摆放着食物。

墓主左侧绘有

■ 角抵墓《天象图》

古雅的壁画

■ 舞蹈墓《歌舞图》

耳室 我国古代建筑名称。耳室一般位于正屋两侧，恰如两耳在人脸的两侧，因而得名。耳室一般作为仓库使用。宋代以前墓穴之砖室，两旁砖壁中有小室，亦称耳室。另外，耳室在医学上也常常用来作为外耳道到中耳的代称。但这是不专业的叫法。

一坐者，画面已剥落，无法推知这个人的情况。

北壁最下方原绘有花草等图案，现在已经模糊不清。屋内外各绘有一个比例很小的仆人，拱手垂立。

墓室的西壁绘有《备乘图》，图中两棵大树占据画面的大部分空间，树下有一列整装待发的队伍。

队伍的前面是两匹鞍马，每匹鞍马都有驾驭者。其后有侍从和一辆牛车，均面北朝向墓主。

角牴墓壁画以社会风俗为主题，表现了墓主人生前享乐的场面，尤以角牴图神情毕肖、谐趣横生，为高句丽壁画仅见。根据比较研究，其建造年代约在4世纪左右。

舞蹈墓位于集安城东北3千米，因墓中绘有群舞画面而得名。该墓为封土石室壁画墓，截尖方锥形封丘，封土边长17米，高4米。

墓葬用石材砌筑墓道、甬道、耳室及墓室，外培黄褐色黏土成丘，墓室、甬道、耳室均用白灰涂抹，上绘彩色壁画。

这些壁画题材独特，是高句丽贵族生活的写照。群舞画面上优美的舞姿给人以清新的感受，舞者如觉其动，歌者如闻其声，是高句丽保存下来的珍贵舞蹈资料。

马槽墓是一座封土石室双室壁画墓，外呈截尖方锥形，周长90米，高4.6米。墓内分南北二室，各自有墓门和甬道。两墓室均用石块砌筑，墓室四壁、耳室及甬道上均有壁画。

南墓室后壁通壁绘一屋宇，屋宇内夫妻对坐，周围是奴仆、侍女等人物。

屋宇上方绘红黑相间的七朵正视莲花。左右两壁绘礼辇图，前壁室门两侧绘舞乐图及守门犬。

甬道右侧耳室后壁与左壁绘马厩图，上拴红、黄、青马3匹，十分

狩猎图

■ 高句丽墓壁画

四神 也叫做"四象""四灵"。我国春秋战国时期，由于五行学说盛行，所以四象也被配色成为青龙、白虎、朱雀、玄武。四神在我国古代中另一个主要表现就在军事上，战国时期，行军布阵就有"前朱雀后玄武，左青龙右白虎"的说法。

神骏。甬道左侧耳室后壁绘作画图，甬道两壁绘狩猎图。

北墓室主壁绘夫妻对坐图，右壁绘狩猎图，左壁绘武士斩俘图，为高句丽壁画中所仅见。

环纹墓为截尖方锥形封土石室墓，封土残高约为3米，周长80米。

此墓墓室平面略呈正方形，墓室与墓道底部均用石材铺成，四壁均用白灰涂沫，上绘壁画。

墓道两侧各绘怪兽图。北壁怪兽身饰虎纹，背上羽毛飞扬；南壁怪兽身饰条纹、环纹。壁画布局严谨、工整、对称，色彩鲜艳，技法娴熟，颇具特色。

墓室四壁绘画，梁枋、绘柱、斗拱俱全，并绘彩色环纹20余个，整个墓室宛如一座彩绘的屋宇。墓室顶部残留有青龙、白虎图画形迹，为四神图像。

洞沟12号墓位于高山南麓平缓的坡地上，也称"马槽墓"，墓室中因画有《马厩图》而得名。它是一个高句丽早期壁画墓。

北侧20余米为另一座高句丽壁画墓，即散莲花墓；南侧与集锡公路相接，距五盔坟约460米。

两座墓室均由大小不等的石块砌筑，上面涂抹白灰。与其他早期壁画墓不同的是，白灰上似曾涂有一层胶状物，以求光洁耐久。

墓室四壁、耳室及甬道的壁上，均绘有壁画。以朱、黄、白、黑等色彩为主。可惜随着岁月的流逝，大部分壁画已脱落或漫漶不清，但从残存部分还可以辨认出夫妻对坐、战斗、射猎、舞乐、厩舍、礼辇、作画等图像。

南墓室后壁整幅绘成一座屋宇，青瓦覆盖屋宇。屋内绘有夫妻两人。男主人坐在左侧长方形矮榻上面，女主人拱手跪坐在右侧，周围绘有奴仆、侍女等。

左右两壁壁画大部分脱落。右壁中部还可以看出一幅《车辇图》。一名童子手扶车辕向东行走，车前有3名侍者。

左壁左端绘有一名男侍，手挽车辕向前行走，车后有侍女跟随。

墓门右侧上部绘有一姿态优美的舞蹈者，以及一跪坐抚琴的伴奏者；下部绘一条蹲伏的守门犬，昂首竖耳。

■高句丽墓壁画

古雅的壁画

■ 高句丽墓室壁画
《狩猎图》

鳞甲 是我国古代使用最广泛的一种铠甲，在古代各朝的军队中，都有鳞甲的出现。鳞甲出现的原因，可能是因为小片金属易于加工。一般由铁丝或铁环套扣缀合成衣状，每环与另四个环相套扣，形如网锁。是由西域传入我国的。

藻井第一重顶石绘菱形云纹图案，其余各层均绘有仰视莲花图案。

甬道右侧耳室后壁与左壁绘有《马厩图》，这是该墓室中较为著名的一幅壁画。画中的马厩内，横放着黄色的马槽，上面拴着红色、黄色、青色3匹马，昂首并立。

在该墓室左壁上还绘有一件青色的马鞍具。右壁壁画已脱落。

墓室甬道左侧耳室的后壁，绘有《作画图》，画中一位面目清癯、体态修长的老者，他右手持笔伸向前方，作绘画姿势。

北墓室主壁绘有《夫妻对坐图》，图中夫妻周围有男女仆人侍立。

北墓室左壁后段绘《斩俘图》。画中有一名武士身披鱼鳞甲，身后有一匹黄马，身前跪着一名披着铠甲的俘虏。此时，武士左手伸向俘虏，右手举刀，正要斩杀俘虏。

北墓室右壁绘《狩猎图》，画中一人身穿鳞甲，骑着红色的马；另一人身穿白色字铠甲，骑着白色的马。两人张弓搭箭，逐鹿山林。

从墓葬结构和壁画内容看，洞沟12号墓的墓主应是高句丽的贵族，壁画中的台榭楼阁、厩满马肥、歌舞宴乐、奴婢成群，应是墓主生前生活的写照。根据壁画的内容也可推测，洞沟12号墓的建造年代大约为5世纪。

冉牟墓位于集安城东北12公里处太王乡下解放村。墓主冉牟为高句丽贵族，其先祖曾官至"大兄"。

冉牟墓为截尖方锥形封土石室墓，周长70米，封土高4米。墓内有前后两室，中有甬道相通。前室平面呈横长方形，后室平面呈方形，靠左右壁各置一石棺床。

墓道、甬道、墓室内白灰壁画保存尚好，前室四壁与顶部交界处由宽20厘米的长石条构成梁枋。

■高句丽墓壁画

■ 长川1号墓壁画

最为珍贵的是此室正壁梁枋上的牟头娄墨书题记。正文79行，每行10字，纵横间以界格，另有题两行。全文800多字，可辨识者350余字，题字为隶书，有汉简书法风格，工整流畅。

这篇墨书题记是仅次于"好太王碑"的长篇文字资料，对于研究高句丽的历史具有十分重要的价值。

长川墓分为长川1号墓和长川2号墓。长川1号墓是一座封土石室壁画墓。它坐落在集安市区东北20公里黄柏乡长川东村北山坡上。村南300米是鸭绿江。

这座墓由墓道、前室、甬道、后室组成。用工整的花岗岩石条砌筑，白灰抹平。长川1号墓以丰富多彩的壁画著称。

长川1号墓前室、后室、四壁藻井、甬道两壁石门正面以及棺床表面，均彩绘壁画。大部分壁画形象清晰、色泽艳丽、内容新颖。

长川1号壁画墓是一座重要的高句丽贵族墓葬，这座墓葬的视野摄取了100多个人物的形象，展现了高句丽社会的生活风貌和浓重的佛教气息。

墓中的礼佛图是高句丽古墓壁画中所仅见的，为研究佛教在高句丽流传提供了难得的资料。壁画虽经历1500多年的风雨剥蚀，依然完好，色彩鲜明。

长川2号墓位于集安城东25公里处黄柏乡长川墓群东部二级台地上，为封土石室壁画墓，呈截尖锥形，周长143米，残高6米。

长川2号墓是长川墓群中形体最大的一座。宏伟的墓室、精致的石棺、绚丽的壁画以及大量鎏金饰品的出土，说明墓主人身份很高，疑为当时王族中颇有权势的显赫人物。此墓年代约在5世纪末。

五盔坟4号墓壁画

五盔坟5号墓《玄武图》

　　五盔坟4号墓属于高句丽晚期壁画墓的典型墓葬，位于禹山贵族墓地景区内，在吉林集安洞沟盆地的中部。

　　这个墓名的由来，和墓群的造型和编号有关。在洞沟古墓群禹山墓区内有五座巨大的封土墓，东西向排列在一条直线上，形似五个巨大的头盔。当地人称之为"五盔坟"。4号墓即由西向东的第四座墓葬。

　　五盔坟4号墓的墓室四壁绘四神，以网状莲花火焰锦连续图案为衬地，在网纹衬地里绘有人物图像，或坐或立于莲台上，姿态各异。

　　墓室的东壁绘有《青龙图》。图中龙首高昂，龙口张开，吐出红舌。龙身一波三折，前肢平伸张爪，后肢用力蹬开，装饰白羽，向南飞腾而去。

　　整个龙的眉羽、眼睛、犄角描绘得淋漓尽致。龙身为黄、绿、红褐色，龙颈为红、黄、粉色，以黑色斜方格勾勒鳞纹。

　　墓室的南壁绘有《朱雀图》。画面中的神鸟通体为红色，足踏莲台，展翅修尾，引颈长鸣。

　　墓室的西壁绘有《白虎图》。画中之虎与东壁青龙相对称，也向南作飞扑的姿势。虎身为白色，以墨线勾勒出皮纹，细长的腰身，尾巴向上翘起。

整体看来，图中的这只老虎虎头高昂，虎目圆睁，虎口大开，露出白色的獠牙，显得异常威猛。

墓室的北壁绘有《玄武图》。画面中一条大蛇缠绕在一只龟身上。两首相对，两尾相交，似争斗，似嬉戏。蛇身为五种颜色，与青龙相同。图中的龟，其背为红褐色，无甲纹。

墓室中所绘制的这四神，还是有缘由的。在古代四神，亦称"四灵"，即朱雀、玄武、青龙、白虎，是远古先民对天上二十八星宿所构成的四组图像的称谓。

过去古人以为四神是上天向正四方而派出的神灵。因此有南朱雀、北玄武、东青龙、西白虎之说。墓室中东南西北各壁上的壁画，正是与这种说法相对应。

四壁以上为梁枋，梁枋上共绘有8条龙，每面两条相缠。在整个墓

■藻井壁画

古雅的壁画

■ 藻井壁画

飞廉 亦作蜚廉，是我国神话中的神兽，文献称飞廉是鸟身鹿头或者鸟头鹿身，秦人的先祖之一为飞廉。《古史蕆记》中称：飞廉帮助蚩尤一方参加华夏九黎之战。曾联合雨师屏翳击败冰神应龙。后被女魃击败，于涿鹿之战中被擒杀。

室壁画中，共有龙30多条。龙是身份地位的象征，普通百姓的墓室中是不可能绘有龙的，据此推断，五盔坟4号墓的墓主至少是高句丽的贵族。

墓室四角绘有相同的托梁怪兽。图中的形象是兽面人身，头上长角。左腿屈曲右腿后蹬，双臂奋力上举，托起两条盘曲的龙。

墓室藻井部分也有壁画，这里的壁画内容以神仙、羽人、飞天、伎乐仙人为主。

第一重抹角石相交处各角的壁画最典型。东角两抹角石绘的是《神农氏燧人氏图》。这幅画面反映人类结束了茹毛饮血的时代，开始从事农业生产。

图中左侧神农氏牛首人身，传说神农氏是农业的始祖。神农氏手持禾穗，教人以五谷。右侧的是燧人氏，传说他是钻木取火的发明者，被尊为三皇之首，奉为"人祖"。图中的燧人氏手持火把，教人用火。

南角两抹角石所绘的事故《奚仲父子图》。奚仲为传说中马车的创制者。画面中一人在树下冶铁，一人在造车轮，表现了古代手工业生产的状况。

西角两抹角石绘一乘龙仙人，头戴平天冠，身着袍服，似为传说中的黄帝。后面有一人乘飞廉，手持旗幡为仪仗。据分析，这幅图的画面反映了远古国家政权产生的历史。

北角两抹角石所绘的是《伏羲女娲图》，形象均为人的上半身、龙的下半身。

图中的右侧伏羲为男子形象，双手高举一个绘有三足鸟的圆盘，象征太阳。在我国古代传说中，伏羲是东方的天帝，是华青氏踩了雷泽中雷神的足印而生出的儿子。

图中的左侧女娲为女子形象，面色白皙，长发披肩。手举一个绘有蟾蜍的圆盘，象征月亮。女娲是创世女神，她用黄色的泥土创造了人类。

■藻井壁画

古雅的壁画

■ 高句丽墓《献食图》

蟠龙 指我国民间传说中蛰伏在地而未升天之龙，龙的形状作盘曲环绕。在我国古代建筑中，一般把盘绕在柱上的龙和装饰在梁上、天花板上的龙均习惯地称为蟠龙。相传蟠龙是东海龙王的第十五个儿子，曾施法降雨、驱逐怪兽造福于人间，最后累死于大地上。

据说，伏羲和女娲结成夫妇以后，分别成了"人祖爷"和"人祖奶"。因此，后人认为这幅《伏羲女娲图》，寓意着人类的诞生。

除了上面3处的壁画外，在第一重抹角石四面正中处，各绘有一条龙。背部高高躬起，似在顶托上方的石条。龙头低首回顾，龙口张开，而且口中有洞，可能原镶嵌有夜明珠一类的珠宝。

在第二重抹角石上，绘有日月星辰和伎乐仙人。伎乐仙人弹奏的乐器有琴、腰鼓、长笛等，这和当时高句丽乐器种类的繁多有一定的关系。据说当年高句丽的乐器十分丰富，壁画墓中描绘的乐器就多达21种，包括玄琴、筝、长笛、鼓等。

墓室的盖顶石为一整块菱形石板，上面绘有一条五彩蟠龙，张口吐舌，昂首盘旋。

据考证，五盔坟4号墓的建造年代约在6世纪末7世纪初。其丰富多彩的壁画题材，是高句丽民族在艺术追求上的充分显示，也透射出对中原文化绘画传统的借鉴与改造。

五盔坟4号墓中的壁画构图严谨，布局得当，形象生动，线条奔放有力，色彩热烈浓重，用红、黄、白、黑、绿、赭等色，直接画在石面上，异常牢固，色泽如新，属于高句丽晚期墓，代表着高句丽壁画艺术的较高成就。

禹山3319号墓是一个高句丽贵族墓葬，位于洞沟古墓群禹山墓区的西端，集安市区北侧的小山岗上。出土文物有鸡首壶、熏炉、耳杯、虎子。这些都是当时晋朝的流行器具，在高句丽墓葬中不多见，应是从中原传入的。

在墓葬南面的左右两侧，各立有一巨大的石块。

鸡首壶 因壶嘴作鸡首状而得名。是我国西晋至唐初流行的一种瓷壶。西晋时器形较小，圆腹，肩部贴一鸡首，小而无颈。壶嘴有的可通，有的是实心，壶肩部有系，小平底。隋代壶身更高，鸡颈不仅更长，而且作仰首啼鸣状，鸡尾柄变塑贴龙首柄，系的开关更加复杂。

古墓丹青

陵墓壁画

■ 四神墓仙人驾鹤图

左侧石块表面较平整，上面刻有一人物形象。石刻所用的石材为灰绿色沉积岩。画面长1.04米，宽0.54米，单刀阴刻。所刻人像脸作桃形，双目上斜，鼻梁笔直，鼻翼肥厚，小口，耳作弓形。

人像的颈部以下只用简单弧线象征肩臂，并收缩为狭窄的身躯。半裸身，胸前以两个带圆心的圈表示乳头。颈部至胸部，有一周19个以两乳头中间为凿刻的圆点。又以此为中心，横、竖分别有两列呈十字形的圆点。据推测，这处石刻所表现的内容应与祭祀或崇拜相关。

四神墓位于集安城东2公里处禹山南麓。因墓内绘有四神像而得名，也称"四神冢"。墓内壁画以朱、黄、赭、紫、石黄、石青、胡粉等鲜艳的矿物颜色，直接绘于四壁的岩石之上，五彩缤纷，颇为绚丽。

墓室四壁上绘的四神构图严谨，笔力豪放，线条遒劲简练，色调强烈明朗。满壁飞云辅以星辰，有动有静，技艺高超。从建筑规模到壁画内容，显示出墓主人的高贵身份。

集安古墓壁画内容丰富多彩，早期和中期壁画拙朴、雅气，充满灵性，十分贴近现实生活，流露出一种天真和幽默，好似一部形象的历史长卷，真实而生动地再现了高句丽民族的乡土乡情和社会风貌。

阅读链接

被誉为"东北亚艺术宝库"的高句丽壁画墓，记载了我国古代东北少数民族的特殊文化，是五千年华夏文明的一朵奇葩。高句丽壁画的内容再现高句丽王公贵族家居、宴饮、歌舞、百戏、出行等社会生活。绘画方式一般是在石壁上抹白灰，然后在白灰上作画。

壁画作品比较好地反映出该民族的独特传统，比如酷似今天日本相扑的角觝运动、骑马狩猎的场景等，还有长白山森林中常见的虎、鹿、野猪、熊、狍子、白兔、雉鸡等动物。

构图严谨的辽阳墓群壁画

辽阳汉魏壁画墓始于1700多年前的汉末三国时期。当时诸侯割据，社会动荡，而公孙氏割据下的辽东郡则相对稳定，经济、文化发展较快，丧葬之风盛行。

辽阳在东汉魏晋时期为辽东郡，汉魏之际，公孙氏曾割据于此50年，其中一批大型的多室壁画墓，墓主都是当时割据辽东的公孙氏政权的显贵。

辽阳壁画墓群分布在辽宁辽阳北郊太子河两岸的棒台子、北园、三道壕、小青堆子、东

辽阳东汉壁画

■ 辽阳壁画宴饮图

古雅的壁画

台子、南台子等处，这些墓葬全部以石板构筑而成。

辽阳汉魏墓的形制和大小稍有差别，但结构基本相同。墓顶均有高大的方锥形封顶。墓室均用石板建造。大墓长达8米，宽6米多，高2米左右；小墓长宽在3米至5米之间。一般由墓门、棺室、前廊、左右耳室等部分组成。

大墓有回廊。墓室平面多为"工"字形、"T"字形。各墓除有许多殉葬遗物外，墓室四壁上，都有彩色壁画，内容丰富多彩，形象生动，绘有车骑仪仗、宴饮、乐舞、百戏、斗鸡、仓廪和庖厨等图。

还有守门武士和连壁流云等画面。有的画面上有题字，如"季春之月汉""魏令支令张""议曹椽""小府史""公孙夫人""大婢长乐"等。

壁画的构图严谨，形象生动，色彩鲜艳，为了解当时辽东地区贵族豪门的经济、文化、生活等方面提

百戏 我国古代民间表演艺术的泛称，"百戏"一词产生于汉代。《汉文帝纂要》载："百戏起于秦汉曼衍之戏，技后乃有高絙、吞刀、履火、寻橦等也。"可见百戏是对民间诸技的称呼，尤以杂技为主。

供了珍贵实物材料。

壁画直接绘在墓内石壁上，墓门两侧、前廊或回廊、耳室及墓室顶部绘有壁画。既有几壁相连的大作，也有独立成幅的小品。壁画多用墨线勾勒，涂以青、黄、赭、朱、白等颜色，形象地反映了汉晋时代豪门大族的奢侈生活场景。

辽阳壁画墓群大致可归纳为以下7类：

一是表现墓主庄园中生产活动场面的农耕、桑园、放牧、射猎等。

二是表现墓主仕途经历和身份的车骑出行、任职治所、属吏、幕府以及坞壁等。

三是表现墓主享乐生活的宴饮、乐舞百戏等。

四是宣扬儒家伦理道德、强调人身依附关系的经史故事，如孔子、老子、周公一类的古代圣贤，荆轲、伍子胥一类的忠臣义士，丁兰、秋胡妻一类的烈女等。

五是神话故事，主要有东王公、西王母、伏羲、女娲一类仙人和表现天上世界的仙禽神兽。

东王公 又称"木公""东华帝君"，原为我国古代神话中的男神，溯源可追至战国时期，当时楚地信仰"东皇太一"神，又称"东君"，即为神化了的太阳神，称为太阳星君，此为东王公之前身。后经道教增饰奉为男仙领袖，南、北二宗则奉为始祖。

■ 辽阳壁画车马图

辽阳壁画门吏图

古雅的壁画

六是在天人感应论的影响下所产生的祥瑞图，如麒麟、芝草、神鼎等。

七是天象，如日、月、星宿、云气和象征四方星座的四神，青龙、白虎、朱雀、玄武等。

各类内容在墓中的分布，一般是前四类内容绘于前、中、后室或耳室，后3类内容绘于墓室顶部和墓门。

壁画《家居宴饮图》，堂上朱幕高悬，夫妇对坐宴饮，杯盘前列，三五个奴婢打扇传食，服侍于左右，生动逼真地表现出豪门之家宴饮生活的场面。

大青堆子墓的《骑吏仪仗图》，最能反映出权贵们车骑出行的豪华的场面。全队人员172名，马127匹，车10辆，场面宏大。那种连骑结队、路断行人的煊赫气势，俨然为一幅帝王出行图。壁画直接描绘在石板上，墨线勾勒后，平涂朱色。

《庖厨图》有繁有简。最繁的一幅画面上有23人在为主人准备饮食，绘有宰猪、锥牛、解兽、褪鸭、切肉、炙燔、舂粮、沥汁、汲水、添薪、涤器等一系列繁忙的劳作，食物中有十多种山珍海味。如实地再现了汉晋时代社会生活的一些细节。

壁画中最令人叫绝的是《舞乐杂技图》。它分左右两幅，共有49人登场，在咚咚鼓声和管弦乐队的演奏中，杂技艺人载歌载舞，各献绝技，节目惊险动人，充分表现出我国古代杂技的成就之高。

辽阳壁画墓群以毛笔为主要绘画工具，使用朱、绿、黄、橙、紫等色调的矿物质颜料，因而壁画色彩历久不变，发掘时一般都很鲜艳。

造型手法上继承春秋晚期以来的写实夸张传统，在绘制技巧上，发展了战国至西汉早期宫廷壁画和帛画上所见的墨线勾勒轮廓再平涂施色的手法。

前期技法还比较单一，到东汉晚期，出现了大笔涂刷的写意法、没骨法、白描法，有的画面如望都1号墓的人物还使用了渲染法。

在构图上，它已摆脱了春秋晚期以来呆板的图案样式，更注意讲求比例和透视关系。这些成就，为我国绘画的成熟奠定了基础。

辽阳汉墓群壁画之所以盛行，主要是治国者提倡孝道和厚葬，产生视死如视生的思想。特别是东汉时期实行察举孝廉的制度，是人们踏上仕途的必经之

没骨法 国画术语。直接用彩色作画，不用墨笔立骨的技法。分山水没骨和花鸟没骨两种，最初相传由南朝张僧繇创始，而没骨花鸟传为北宋徐崇嗣，实应真正始于清恽寿平。这种画法打破了前代习用的"勾花点叶"法，以彩笔取代墨笔，直接挥抒，从而产生了一种全新的时代风格。

古墓丹青

陵墓壁画

■ 汉墓《门卫图》壁画

辽阳壁画

古雅的壁画

路。因此，厚葬之风愈演愈烈。很多人竭家所有，为父母或自己修建坟墓，在模拟生人居住的地下墓室壁面上，大量绘制表现生前权势、威仪和财富的生活及历史神异形象，以期获得孝子的声誉，有利于仕途。这也是汉墓壁画盛行的社会根源所在。

辽阳汉墓群壁画自身的艺术价值，丰富了东汉晚期至魏晋时期的绘画艺术史。这些一千六七百年前的壁画内容丰富，色彩鲜艳，是古代现实主义的杰出作品，有着极高的历史、艺术及科学价值。

阅读链接

古墓壁画是我国最为古老的墓室装饰之一，自汉朝崛起，经过唐代的发展，直到宋朝以后逐渐衰退。自汉至唐，墓室壁画可谓极大发展。

就辽阳壁画墓群壁画而言，它比较全面地反映了辽阳地区的经济文化发展状况，有着重要的史料价值。我国历史文献中记载的辽阳经济、文化发展状况较少，而辽阳壁画墓在一定程度上补充了这一不足。壁画以表现墓主人经历和生活题材为主，是研究汉魏时期政治、经济、文化等方面不可多得的资料。